TREINO TODO SANTO DIA

A JORNADA DO SUPER-HUMANO

SÉRGIO BERTOLUCI

TREINO
TODO
SANTO
DIA

A JORNADA DO SUPER-HUMANO

Trend é um selo exclusivo do Grupo Ciranda Cultural
© 2024 Ciranda Cultural Editora e Distribuidora Ltda.

Texto
©Sérgio Bertoluci

Produção editorial
Ciranda Cultural

Editora
Nayra Ribeiro

Projeto gráfico e diagramação
Linea Editora

Preparação
Maria Luísa Mota Gan

Design de capa
Fernando Nunes

Revisão
Ciranda Cultural

DADOS INTERNACIONAIS DE CATALOGAÇÃO NA PUBLICAÇÃO (CIP) DE ACORDO COM ISBD

B546t	Bertoluci, Sérgio.
	Treino todo santo dia / Sérgio Bertoluci. - Jandira, SP : Trend, 2024.
	384 p. ; 15,50cm x 22,60cm
	ISBN: 978-65-83187-29-1
	1. Autoajuda. 2. Saúde. 3. Devocional. 4. Bem-estar. I. Título.
2024-2042	CDD 158.1 CDU 159.92

ELABORADO POR LUCIO FEITOSA - CRB-8/8803

ÍNDICE PARA CATÁLOGO SISTEMÁTICO:
1. Autoajuda : 158.1
2. Autoajuda : 159.92

1ª edição em 2024
www.cirandacultural.com.br
Todos os direitos reservados.
Nenhuma parte desta publicação pode ser reproduzida, arquivada em sistema de busca ou transmitida por qualquer meio, seja ele eletrônico, fotocópia, gravação ou outros, sem prévia autorização do detentor dos direitos, e não pode circular encadernada ou encapada de maneira distinta daquela em que foi publicada, ou sem que as mesmas condições sejam impostas aos compradores subsequentes.

SUMÁRIO

- 8 — PREFÁCIO
- 10 — INTRODUÇÃO
- 10 — TREINO TODO SANTO DIA
- 11 — A FORÇA DO TODO SANTO DIA
- 11 — META DIÁRIA DE HIDRATAÇÃO
- 12 — OS 5 PILARES DA SAÚDE
- 13 — TREINO TODO SANTO DIA: QR CODE PARA TREINOS EM QUALQUER LUGAR
- 13 — UM CAMINHO DE TRANSFORMAÇÃO
- 17-381 — FRASES
- 382 — CONCLUSÃO

SUPER-HUMANO É TREINAR TODO SANTO DIA.

@sergiobertoluci

PREFÁCIO

Este livro é literalmente a morte das desculpas na sua vida. Toda pessoa que deseja desenvolver uma vida saudável precisa tê-lo por perto. Sérgio Bertoluci tem sido uma inspiração não somente para mim, como para milhares de pessoas que o acompanham. Este livro é o fruto de uma metanoia, isto é, uma mudança pessoal que ele vivenciou e que acabou inspirando muitos a buscá-la também.

Trata-se de uma mudança radical, tanto de mentalidade como de estilo de vida, que lhe permitirá ter uma vida muito mais saudável. Este livro te ajudará a desenvolver a consciência de que as escolhas de hoje estão totalmente associadas com a qualidade de vida que teremos amanhã.

Sou grato a Deus por ter colocado no coração do **SÉRGIO BERTOLUCI** esse verdadeiro manual da vida saudável.

Prepare-se para viver os melhores dias da sua vida, a cada dia um novo incentivo para que você possa se tornar quem Deus o criou para ser e fazer.

Pr. Michel Simplício

INTRODUÇÃO

Treino Todo Santo Dia
O Caminho para a Saúde física, mental e espiritual

Bem-vindo ao seu Novo Estilo de Vida, onde você vai desenvolver comportamentos que vão fazer você viver mais e melhor, com mais energia e disposição. Eu, Sérgio Bertoluci, Treinador Físico Comportamental desde 1998, vou te mostrar, através da minha jornada que já impactou e transformou a vida de centenas de milhares de pessoas, como você também pode fazer parte de um grupo seleto de pessoas que "Todos os dias, em todos os aspectos, se sente cada vez melhor".

Começamos aqui compreendendo que saúde é muito mais do que a ausência de doenças. É um estado de completo bem-estar físico, mental e espiritual que traz mais performance no seu dia a dia. Este livro devocional da saúde foi criado para guiá-lo em uma jornada transformadora, onde cada dia representa um passo em direção a um estilo de vida saudável e constante. Meu objetivo é ajudar você a desenvolver hábitos e comportamentos que não só prolonguem sua vida, mas que também melhorem significativamente sua qualidade de vida.

Cada página deste devocional foi cuidadosamente planejada para inspirar, motivar e fornecer as ferramentas necessárias para que você viva mais e melhor. Vamos explorar os pilares da saúde, estabelecer metas diárias e celebrar cada pequena vitória em seu caminho para um futuro mais saudável.

A Força do Todo Santo Dia

Cada manhã, ao abrir este livro, você encontrará uma frase motivacional e inspiradora. Essas frases são projetadas para despertar em você a força e a determinação necessárias para adotar comportamentos mais adequados e saudáveis. Elas são mais do que simples palavras; são lembretes poderosos de que cada novo dia traz consigo a oportunidade de ser melhor, de fazer escolhas mais acertadas e de se aproximar dos seus objetivos de saúde e bem-estar.

Meta Diária de Hidratação

A hidratação é fundamental para uma vida longa, saudável e produtiva, porém, frequentemente negligenciada pelas pessoas. Nosso corpo é composto em grande parte de água; nascemos com aproximadamente 80% de água no corpo, e com o passar dos anos, esses níveis caem para cerca de 60%. Nosso cérebro pesa, em média, 2% do nosso peso corporal, mas consome 80% da nossa água. Isso significa que o cérebro precisa de muita água para pensar, criar e lembrar. A falta de água impede o cérebro de funcionar em sua plena capacidade. O mesmo acontece com o corpo que precisa de altos níveis de água para que todos os fluidos fluam e desenvolvam um melhor processo de recuperação, regeneração, reparação e reenergização. Manter-se adequadamente hidratado é essencial para o funcionamento ideal de todos os nossos sistemas corporais. Por isso, estabelecemos uma meta diária de consumo de água: 6 litros por dia.

Nas páginas deste devocional, você encontrará ícones que representam cada copo de água que você deve beber ao longo do dia. Marque esses ícones à medida que você cumpre sua meta de hidratação diária. Este simples ato de monitoramento não só reforçará o hábito de beber água regularmente, mas também servirá como um lembrete constante da importância da hidratação na manutenção da saúde. A dica para atingir essa meta é tomar 1 copo de 500ml por hora.

Os 5 Pilares da Saúde

Para alcançar um estilo de vida saudável, é fundamental focar em cinco pilares que devem ser praticados diariamente:

1. Treinamento de qualidade: A única forma de você desenvolver musculatura, disparar queima de gordura e ganhar condicionamento é através de movimento organizado, preciso e inteligente.
2. Alimentação adequada: Livre-se das porcarias, coma o que te faz bem. Aprenda a comer o suficiente e encare a sua alimentação como o combustível para viver mais e melhor. Desenvolva uma alimentação 5S: Saudável, Sustentável, Sociável, Simples e Saborosa.
3. Comportamentos adequados: Todo Santo Dia, decida o que fazer e o que não fazer. Você cria os seus padrões e seus padrões criam você. A direção da sua saúde é determinada a cada comportamento instalado. Instale comportamentos e crie padrões que te levem em direção aos seus objetivos.
4. Sono regenerativo: Dormir tem a função de acabar com o sono. Quanto melhor você dorme, melhor você se recupera.

Do contrário, dormir mal ENVELHECE, ADOECE e ENGORDA. Tenha como meta acordar porque o sono acabou e não porque o despertador tocou.

5. Respiração ideal: Praticar técnicas de gerenciamento de estresse e buscar equilíbrio emocional são componentes essenciais para uma vida saudável. O controle da respiração faz você performar mais no momento presente, seja para se manter mais ativo ou mais tranquilo.

Todo Santo Dia, dedicaremos um espaço para que você possa refletir sobre como incorporou esses cinco pilares em sua rotina. Este espaço é para você anotar suas percepções, aprendizados e desafios, ajudando a consolidar novos comportamentos e padrões que beneficiarão sua saúde a médio e longo prazo.

Treino Todo Santo Dia:
QR Code para Treinos em qualquer lugar

Para complementar sua jornada de saúde, incluímos um QR Code em cada página que o direciona ao treino do dia. Esses treinos são projetados para serem rápidos, eficientes e realizáveis em qualquer lugar, com alta intensidade para você treinar menos tempo e obter mais resultados sem a necessidade de equipamentos. São uma maneira prática de garantir que você incorpore a atividade física no seu dia a dia, independentemente de sua condição.

Um Caminho de Transformação

Este devocional da saúde é mais do que um guia; é um companheiro diário em sua jornada para um estilo de vida mais saudável. Seguindo as orientações e metas de cada página, você não só adquirirá novos comportamentos e padrões, mas também experimentará uma transformação profunda em sua saúde e bem-estar.

A constância é a chave para qualquer mudança sustentável. Este livro foi escrito para ajudá-lo a cultivar essa constância *Todo Santo Dia*. Ao automatizar esses novos hábitos e manter-se comprometido com seus objetivos, você alcançará um nível de saúde que vai muito além da aparência física – descobrirá uma nova energia, uma maior capacidade de enfrentar desafios e uma qualidade de vida superior.

A jornada para a saúde é contínua e pessoal. Cada página deste devocional é um passo em direção a uma vida mais saudável e equilibrada. Abrace este processo, celebre suas conquistas diárias e lembre-se de que cada pequena mudança que você faz hoje pode resultar em grandes benefícios para o seu futuro. Comemore cada vitória, acostume o seu cérebro a celebrar, pois isso o ajudará conquistar novos feitos.

Estou aqui para apoiá-lo em cada etapa do caminho. Que este livro seja uma fonte de inspiração, motivação e transformação. Vamos juntos construir e desenvolver o ciclo de constância, alcançando o auge da qualidade muscular e com um condicionamento físico notável. Desejo-lhe boa sorte em sua jornada para uma vida mais saudável e plena.

*Quero dedicar em especial a minha família:
Dominik, minha mulher, e aos nossos três filhos: Maryeva,
Benjamin e Lucy. Vocês são o combustível que impulsiona
minha jornada, a razão pela qual busco ser referência
Todo Santo Dia. Sem vocês, nada disso seria possível.*

Com amor eterno,
Sérgio

DATA / /

DIA 1

Quem não usa, perde.

5 pilares da saúde
- TREINO DE QUALIDADE
- ALIMENTAÇÃO SAUDÁVEL
- COMPORTAMENTOS ADEQUADOS
- SONO REGENERATIVO
- RESPIRAÇÃO IDEAL

ANOTAÇÕES
_____
_____
_____
_____
_____
_____
_____
_____
_____
_____

CONSUMO DIÁRIO DE ÁGUA COPOS

Sérgio Bertoluci

DIA 2

/ / **DATA**

Todos os dias, em todos os aspectos, eu me sinto cada vez melhor.

5 pilares da saúde

- TREINO DE QUALIDADE ☐
- ALIMENTAÇÃO SAUDÁVEL ☐
- COMPORTAMENTOS ADEQUADOS ☐
- SONO REGENERATIVO ☐
- RESPIRAÇÃO IDEAL ☐

TREINO DO DIA

ANOTAÇÕES

_____
_____
_____
_____
_____
_____
_____

CONSUMO DIÁRIO DE ÁGUA  COPOS

_____
_____
_____
_____

DATA / /

DIA 3

O corpo sente, a mente sustenta
e o espírito agradece.

5 pilares da saúde
- [ ] TREINO DE QUALIDADE
- [ ] ALIMENTAÇÃO SAUDÁVEL
- [ ] COMPORTAMENTOS ADEQUADOS
- [ ] SONO REGENERATIVO
- [ ] RESPIRAÇÃO IDEAL

ANOTAÇÕES

_____
_____
_____
_____
_____
_____
_____
_____
_____
_____

CONSUMO DIÁRIO DE ÁGUA — COPOS

Sérgio Bertoluci

DIA 4

/ / **DATA**

Movimento muda o pensamento.

5 pilares da saúde

- TREINO DE QUALIDADE ☐
- ALIMENTAÇÃO SAUDÁVEL ☐
- COMPORTAMENTOS ADEQUADOS ☐
- SONO REGENERATIVO ☐
- RESPIRAÇÃO IDEAL ☐

TREINO DO DIA

ANOTAÇÕES

_____
_____
_____
_____
_____
_____
_____
_____

CONSUMO DIÁRIO DE ÁGUA  COPOS

Treino Todo Santo Sia

DATA / /

DIA 5

Quem alonga, tem vida longa.

5 pilares da saúde
- [ ] TREINO DE QUALIDADE
- [ ] ALIMENTAÇÃO SAUDÁVEL
- [ ] COMPORTAMENTOS ADEQUADOS
- [ ] SONO REGENERATIVO
- [ ] RESPIRAÇÃO IDEAL

ANOTAÇÕES
_____
_____
_____
_____
_____
_____
_____
_____
_____
_____
_____

CONSUMO DIÁRIO DE ÁGUA COPOS

Sérgio Bertoluci

DIA 6

/ / **DATA**

Modo 110% ativado.

5 pilares da saúde

- [ ] TREINO DE QUALIDADE
- [ ] ALIMENTAÇÃO SAUDÁVEL
- [ ] COMPORTAMENTOS ADEQUADOS
- [ ] SONO REGENERATIVO
- [ ] RESPIRAÇÃO IDEAL

TREINO DO DIA

ANOTAÇÕES

_____
_____
_____
_____
_____
_____
_____

CONSUMO DIÁRIO DE ÁGUA COPOS

_____
_____
_____
_____
_____

22 Treino Todo Santo Sia

DATA / /

DIA 7

Seja acima da média: faça mais do que uma pessoa comum.

5 pilares da saúde

- [ ] TREINO DE QUALIDADE
- [ ] ALIMENTAÇÃO SAUDÁVEL
- [ ] COMPORTAMENTOS ADEQUADOS
- [ ] SONO REGENERATIVO
- [ ] RESPIRAÇÃO IDEAL

ANOTAÇÕES

_____
_____
_____
_____
_____
_____
_____
_____
_____

Sérgio Bertoluci

DIA 8

/ / **DATA**

Foco naquilo que é importante. O urgente não pode ocupar esse lugar.

5 pilares da saúde

- TREINO DE QUALIDADE
- ALIMENTAÇÃO SAUDÁVEL
- COMPORTAMENTOS ADEQUADOS
- SONO REGENERATIVO
- RESPIRAÇÃO IDEAL

TREINO DO DIA

ANOTAÇÕES

_____
_____
_____
_____
_____
_____
_____
_____
_____

CONSUMO DIÁRIO DE ÁGUA  COPOS

DATA / /

DIA 9

O treino é 24 horas por dia.

5 pilares da saúde
- TREINO DE QUALIDADE
- ALIMENTAÇÃO SAUDÁVEL
- COMPORTAMENTOS ADEQUADOS
- SONO REGENERATIVO
- RESPIRAÇÃO IDEAL

ANOTAÇÕES
_____
_____
_____
_____
_____
_____
_____
_____
_____
_____
_____

Sérgio Bertoluci

DIA 10

/ / **DATA**

Melhora contínua: 1% melhor a cada dia.

5 pilares da saúde

- TREINO DE QUALIDADE ▢
- ALIMENTAÇÃO SAUDÁVEL ▢
- COMPORTAMENTOS ADEQUADOS ▢
- SONO REGENERATIVO ▢
- RESPIRAÇÃO IDEAL ▢

TREINO DO DIA

ANOTAÇÕES

_____
_____
_____
_____
_____
_____
_____
_____

CONSUMO DIÁRIO DE ÁGUA  **COPOS**

DATA / /

DIA 11

Só cresce quem contribui.

5 pilares da saúde
- TREINO DE QUALIDADE
- ALIMENTAÇÃO SAUDÁVEL
- COMPORTAMENTOS ADEQUADOS
- SONO REGENERATIVO
- RESPIRAÇÃO IDEAL

ANOTAÇÕES
_____
_____
_____
_____
_____
_____
_____
_____
_____

Sérgio Bertoluci

DIA 12

/ / **DATA**

Ciclo da constância: começar, continuar, concluir, comemorar e crescer.

5 pilares da saúde

- [ ] TREINO DE QUALIDADE
- [ ] ALIMENTAÇÃO SAUDÁVEL
- [ ] COMPORTAMENTOS ADEQUADOS
- [ ] SONO REGENERATIVO
- [ ] RESPIRAÇÃO IDEAL

TREINO DO DIA

ANOTAÇÕES

_____
_____
_____
_____
_____
_____
_____

CONSUMO DIÁRIO DE ÁGUA  COPOS

DATA / /

DIA 13

A disciplina funciona com ou sem motivação.

5 pilares da saúde
- ☐ TREINO DE QUALIDADE
- ☐ ALIMENTAÇÃO SAUDÁVEL
- ☐ COMPORTAMENTOS ADEQUADOS
- ☐ SONO REGENERATIVO
- ☐ RESPIRAÇÃO IDEAL

ANOTAÇÕES
_____
_____
_____
_____
_____
_____
_____
_____
_____
_____
_____
_____

CONSUMO DIÁRIO DE ÁGUA COPOS

Sérgio Bertoluci

DIA 14

/ / DATA

Se algo está te tirando do sério, é sinal de que suas emoções estão fragilizadas; fortaleça-as também.

5 pilares da saúde

- [ ] TREINO DE QUALIDADE
- [ ] ALIMENTAÇÃO SAUDÁVEL
- [ ] COMPORTAMENTOS ADEQUADOS
- [ ] SONO REGENERATIVO
- [ ] RESPIRAÇÃO IDEAL

TREINO DO DIA

ANOTAÇÕES

_____
_____
_____
_____
_____
_____
_____

CONSUMO DIÁRIO DE ÁGUA  COPOS

DATA / /

DIA 15

Seja exemplo.

5 pilares da saúde
- TREINO DE QUALIDADE
- ALIMENTAÇÃO SAUDÁVEL
- COMPORTAMENTOS ADEQUADOS
- SONO REGENERATIVO
- RESPIRAÇÃO IDEAL

ANOTAÇÕES

_____
_____
_____
_____
_____
_____
_____
_____
_____
_____

CONSUMO DIÁRIO DE ÁGUA COPOS

Sérgio Bertoluci

DIA 16

/ / DATA

Alinhamento corpo, mente e espírito; essencial para o equilíbrio pessoal.

5 pilares da saúde

- [ ] TREINO DE QUALIDADE
- [ ] ALIMENTAÇÃO SAUDÁVEL
- [ ] COMPORTAMENTOS ADEQUADOS
- [ ] SONO REGENERATIVO
- [ ] RESPIRAÇÃO IDEAL

TREINO DO DIA

ANOTAÇÕES

_____
_____
_____
_____
_____
_____
_____

CONSUMO DIÁRIO DE ÁGUA  COPOS

DATA / /

DIA 17

2 dias estragam 5.

5 pilares da saúde
- [ ] TREINO DE QUALIDADE
- [ ] ALIMENTAÇÃO SAUDÁVEL
- [ ] COMPORTAMENTOS ADEQUADOS
- [ ] SONO REGENERATIVO
- [ ] RESPIRAÇÃO IDEAL

ANOTAÇÕES

_____
_____
_____
_____
_____
_____
_____
_____
_____

CONSUMO DIÁRIO DE ÁGUA — COPOS

DIA 18

/ / DATA

1 dia estraga 6.

5 pilares da saúde

- TREINO DE QUALIDADE ☐
- ALIMENTAÇÃO SAUDÁVEL ☐
- COMPORTAMENTOS ADEQUADOS ☐
- SONO REGENERATIVO ☐
- RESPIRAÇÃO IDEAL ☐

TREINO DO DIA

ANOTAÇÕES

_____
_____
_____
_____
_____
_____
_____
_____

CONSUMO DIÁRIO DE ÁGUA  COPOS

DATA / /

DIA 19

Não é a sua idade que está acabando com você;
é você que está acabando com a sua idade.

5 pilares da saúde
- TREINO DE QUALIDADE
- ALIMENTAÇÃO SAUDÁVEL
- COMPORTAMENTOS ADEQUADOS
- SONO REGENERATIVO
- RESPIRAÇÃO IDEAL

ANOTAÇÕES

_____
_____
_____
_____
_____
_____
_____
_____
_____

CONSUMO DIÁRIO DE ÁGUA COPOS

DIA 20

DATA / /

Vambora se mexer.

5 pilares da saúde

- TREINO DE QUALIDADE
- ALIMENTAÇÃO SAUDÁVEL
- COMPORTAMENTOS ADEQUADOS
- SONO REGENERATIVO
- RESPIRAÇÃO IDEAL

TREINO DO DIA

ANOTAÇÕES

_____
_____
_____
_____
_____
_____
_____
_____

CONSUMO DIÁRIO DE ÁGUA

COPOS

DATA / /

DIA 21

Tudo que eu quero para mim, eu desejo para você.

5 pilares da saúde

- [ ] TREINO DE QUALIDADE
- [ ] ALIMENTAÇÃO SAUDÁVEL
- [ ] COMPORTAMENTOS ADEQUADOS
- [ ] SONO REGENERATIVO
- [ ] RESPIRAÇÃO IDEAL

ANOTAÇÕES

_____
_____
_____
_____
_____
_____
_____
_____
_____
_____

CONSUMO DIÁRIO DE ÁGUA — COPOS

Sérgio Bertoluci

DIA 22

/ / DATA

Você só precisa cumprir o combinado.

5 pilares da saúde

- TREINO DE QUALIDADE ☐
- ALIMENTAÇÃO SAUDÁVEL ☐
- COMPORTAMENTOS ADEQUADOS ☐
- SONO REGENERATIVO ☐
- RESPIRAÇÃO IDEAL ☐

TREINO DO DIA

ANOTAÇÕES

_____
_____
_____
_____
_____
_____
_____
_____

CONSUMO DIÁRIO DE ÁGUA — COPOS

DATA / /

DIA 23

Nada pode nos parar.

TREINO DO DIA

5 pilares da saúde
- TREINO DE QUALIDADE
- ALIMENTAÇÃO SAUDÁVEL
- COMPORTAMENTOS ADEQUADOS
- SONO REGENERATIVO
- RESPIRAÇÃO IDEAL

ANOTAÇÕES
_____
_____
_____
_____
_____
_____
_____
_____
_____

CONSUMO DIÁRIO DE ÁGUA COPOS

Sérgio Bertoluci

DIA 24

/ / **DATA**

Acorde porque o sono acabou, não porque o despertador tocou.

5 pilares da saúde

- TREINO DE QUALIDADE ☐
- ALIMENTAÇÃO SAUDÁVEL ☐
- COMPORTAMENTOS ADEQUADOS ☐
- SONO REGENERATIVO ☐
- RESPIRAÇÃO IDEAL ☐

TREINO DO DIA

ANOTAÇÕES

_____
_____
_____
_____
_____
_____
_____
_____

CONSUMO DIÁRIO DE ÁGUA COPOS

DATA / /

DIA 25

Saber dizer não é tão importante quanto dizer sim.

TREINO DO DIA

5 pilares da saúde

- [ ] TREINO DE QUALIDADE
- [ ] ALIMENTAÇÃO SAUDÁVEL
- [ ] COMPORTAMENTOS ADEQUADOS
- [ ] SONO REGENERATIVO
- [ ] RESPIRAÇÃO IDEAL

ANOTAÇÕES

_____
_____
_____
_____
_____
_____
_____
_____
_____
_____
_____

CONSUMO DIÁRIO DE ÁGUA COPOS

Sérgio Bertoluci

DIA 26

/ / **DATA**

Ajudar quem está indo bem não é ajuda, é pegar carona.

5 pilares da saúde

- TREINO DE QUALIDADE
- ALIMENTAÇÃO SAUDÁVEL
- COMPORTAMENTOS ADEQUADOS
- SONO REGENERATIVO
- RESPIRAÇÃO IDEAL

TREINO DO DIA

ANOTAÇÕES

_____
_____
_____
_____
_____
_____
_____
_____
_____
_____
_____
_____

CONSUMO DIÁRIO DE ÁGUA COPOS

Treino Todo Santo Sia

DATA / /

DIA 27

Ninguém dá carona a pé.

5 pilares da saúde
- TREINO DE QUALIDADE
- ALIMENTAÇÃO SAUDÁVEL
- COMPORTAMENTOS ADEQUADOS
- SONO REGENERATIVO
- RESPIRAÇÃO IDEAL

ANOTAÇÕES

___

CONSUMO DIÁRIO DE ÁGUA COPOS

Sérgio Bertoluci 43

DIA 28

/ / **DATA**

Alimentação 5S: Saudável, Sustentável, Sociável, Simples e Saborosa.

5 pilares da saúde

- [ ] TREINO DE QUALIDADE
- [ ] ALIMENTAÇÃO SAUDÁVEL
- [ ] COMPORTAMENTOS ADEQUADOS
- [ ] SONO REGENERATIVO
- [ ] RESPIRAÇÃO IDEAL

TREINO DO DIA

ANOTAÇÕES

_____
_____
_____
_____
_____
_____
_____
_____

CONSUMO DIÁRIO DE ÁGUA COPOS

44 Treino Todo Santo Sia

DATA / /

DIA 29

Rotina depende de disciplina, mas disciplina não depende de rotina. Tenha disciplina mesmo sem rotina.

5 pilares da saúde
- TREINO DE QUALIDADE
- ALIMENTAÇÃO SAUDÁVEL
- COMPORTAMENTOS ADEQUADOS
- SONO REGENERATIVO
- RESPIRAÇÃO IDEAL

ANOTAÇÕES

_____
_____
_____
_____
_____
_____
_____
_____
_____

CONSUMO DIÁRIO DE ÁGUA COPOS

DIA 30

/ / **DATA**

Qualquer bunda-mole pode começar.
O segredo está em continuar.

5 pilares da saúde
- TREINO DE QUALIDADE
- ALIMENTAÇÃO SAUDÁVEL
- COMPORTAMENTOS ADEQUADOS
- SONO REGENERATIVO
- RESPIRAÇÃO IDEAL

TREINO DO DIA

ANOTAÇÕES

CONSUMO DIÁRIO DE ÁGUA — COPOS

Treino Todo Santo Sia

DATA / /

DIA 31

Um faixa preta é um faixa branca que nunca parou.

5 pilares da saúde
- [ ] TREINO DE QUALIDADE
- [ ] ALIMENTAÇÃO SAUDÁVEL
- [ ] COMPORTAMENTOS ADEQUADOS
- [ ] SONO REGENERATIVO
- [ ] RESPIRAÇÃO IDEAL

TREINO DO DIA

ANOTAÇÕES
_____
_____
_____
_____
_____
_____
_____
_____
_____
_____
_____
_____

CONSUMO DIÁRIO DE ÁGUA — COPOS

Sérgio Bertoluci

DIA 32

/ / **DATA**

Sempre deu, sempre dá e sempre vai dar.

5 pilares da saúde

- TREINO DE QUALIDADE
- ALIMENTAÇÃO SAUDÁVEL
- COMPORTAMENTOS ADEQUADOS
- SONO REGENERATIVO
- RESPIRAÇÃO IDEAL

TREINO DO DIA

ANOTAÇÕES

_____
_____
_____
_____
_____
_____
_____
_____

CONSUMO DIÁRIO DE ÁGUA / COPOS

Treino Todo Santo Sia

DATA / /

DIA 33

Bate forte no peito e grita "eu mereço"!

5 pilares da saúde
- [ ] TREINO DE QUALIDADE
- [ ] ALIMENTAÇÃO SAUDÁVEL
- [ ] COMPORTAMENTOS ADEQUADOS
- [ ] SONO REGENERATIVO
- [ ] RESPIRAÇÃO IDEAL

ANOTAÇÕES

_____
_____
_____
_____
_____
_____
_____
_____
_____
_____

CONSUMO DIÁRIO DE ÁGUA — COPOS

DIA 34

/ / **DATA**

Cada um tem a barriga que merece.

5 pilares da saúde
- TREINO DE QUALIDADE ☐
- ALIMENTAÇÃO SAUDÁVEL ☐
- COMPORTAMENTOS ADEQUADOS ☐
- SONO REGENERATIVO ☐
- RESPIRAÇÃO IDEAL ☐

TREINO DO DIA

ANOTAÇÕES
_____
_____
_____
_____
_____
_____
_____

CONSUMO DIÁRIO DE ÁGUA / COPOS

Treino Todo Santo Sia

DATA / /

DIA 35

Movimento muda diagnóstico.

TREINO DO DIA

5 pilares da saúde
- TREINO DE QUALIDADE
- ALIMENTAÇÃO SAUDÁVEL
- COMPORTAMENTOS ADEQUADOS
- SONO REGENERATIVO
- RESPIRAÇÃO IDEAL

ANOTAÇÕES
_____
_____
_____
_____
_____
_____
_____
_____
_____
_____

CONSUMO DIÁRIO DE ÁGUA COPOS

Sérgio Bertoluci

DIA 36

/ / **DATA**

Sirva o seu primeiro prato como se fosse o segundo.

5 pilares da saúde

- TREINO DE QUALIDADE ☐
- ALIMENTAÇÃO SAUDÁVEL ☐
- COMPORTAMENTOS ADEQUADOS ☐
- SONO REGENERATIVO ☐
- RESPIRAÇÃO IDEAL ☐

TREINO DO DIA

ANOTAÇÕES

_____
_____
_____
_____
_____
_____
_____
_____

CONSUMO DIÁRIO DE ÁGUA — COPOS

DATA / /

DIA 37

Não confunda FOME com VONTADE de comer.

5 pilares da saúde
- [ ] TREINO DE QUALIDADE
- [ ] ALIMENTAÇÃO SAUDÁVEL
- [ ] COMPORTAMENTOS ADEQUADOS
- [ ] SONO REGENERATIVO
- [ ] RESPIRAÇÃO IDEAL

ANOTAÇÕES
_____
_____
_____
_____
_____
_____
_____
_____
_____
_____

CONSUMO DIÁRIO DE ÁGUA COPOS

Sérgio Bertoluci

DIA 38

/ / DATA

O corpo é uma máquina perfeita; quem o melhora ou o piora é você.

5 pilares da saúde

- TREINO DE QUALIDADE
- ALIMENTAÇÃO SAUDÁVEL
- COMPORTAMENTOS ADEQUADOS
- SONO REGENERATIVO
- RESPIRAÇÃO IDEAL

TREINO DO DIA

ANOTAÇÕES

_____
_____
_____
_____
_____
_____
_____
_____

CONSUMO DIÁRIO DE ÁGUA COPOS

DATA / /

DIA 39

O aquecimento deixa o corpo no estado ideal para treinar.

TREINO DO DIA

5 pilares da saúde
- [ ] TREINO DE QUALIDADE
- [ ] ALIMENTAÇÃO SAUDÁVEL
- [ ] COMPORTAMENTOS ADEQUADOS
- [ ] SONO REGENERATIVO
- [ ] RESPIRAÇÃO IDEAL

ANOTAÇÕES

_____
_____
_____
_____
_____
_____
_____
_____
_____
_____

CONSUMO DIÁRIO DE ÁGUA COPOS

Sérgio Bertoluci

DIA 40

/ / **DATA**

A dor é a forma que o corpo encontrou para conversar com você.

5 pilares da saúde

- TREINO DE QUALIDADE ▢
- ALIMENTAÇÃO SAUDÁVEL ▢
- COMPORTAMENTOS ADEQUADOS ▢
- SONO REGENERATIVO ▢
- RESPIRAÇÃO IDEAL ▢

TREINO DO DIA

ANOTAÇÕES

_____
_____
_____
_____
_____
_____
_____
_____
_____
_____
_____
_____

CONSUMO DIÁRIO DE ÁGUA — COPOS

DATA / /

DIA 41

Ninguém disse que seria fácil, mas é mais simples do que você imagina.

TREINO DO DIA

5 pilares da saúde
- TREINO DE QUALIDADE
- ALIMENTAÇÃO SAUDÁVEL
- COMPORTAMENTOS ADEQUADOS
- SONO REGENERATIVO
- RESPIRAÇÃO IDEAL

ANOTAÇÕES
_____
_____
_____
_____
_____
_____
_____
_____

CONSUMO DIÁRIO DE ÁGUA COPOS

Sérgio Bertoluci

DIA 42

/ / **DATA**

Seu corpo é o seu cartão de visitas. Esteja apresentável.

5 pilares da saúde

- TREINO DE QUALIDADE
- ALIMENTAÇÃO SAUDÁVEL
- COMPORTAMENTOS ADEQUADOS
- SONO REGENERATIVO
- RESPIRAÇÃO IDEAL

TREINO DO DIA

ANOTAÇÕES

CONSUMO DIÁRIO DE ÁGUA COPOS

DATA / /

DIA 43

Às vezes, você precisa desacelerar seu corpo e sua mente. Descansar não significa parar.

5 pilares da saúde
- TREINO DE QUALIDADE
- ALIMENTAÇÃO SAUDÁVEL
- COMPORTAMENTOS ADEQUADOS
- SONO REGENERATIVO
- RESPIRAÇÃO IDEAL

ANOTAÇÕES

_____
_____
_____
_____
_____
_____
_____
_____
_____

CONSUMO DIÁRIO DE ÁGUA COPOS

DIA 44

DATA / /

Comece a fazer algo que vai te tornar melhor. Elimine da sua vida o que te faz mal.

5 pilares da saúde

- TREINO DE QUALIDADE
- ALIMENTAÇÃO SAUDÁVEL
- COMPORTAMENTOS ADEQUADOS
- SONO REGENERATIVO
- RESPIRAÇÃO IDEAL

TREINO DO DIA

ANOTAÇÕES

_____
_____
_____
_____
_____
_____
_____
_____

CONSUMO DIÁRIO DE ÁGUA — COPOS

DATA / /

DIA 45

Faça mais o que te faz bem; faça menos o que te atrapalha em relação aos seus objetivos.

TREINO DO DIA

5 pilares da saúde
- TREINO DE QUALIDADE
- ALIMENTAÇÃO SAUDÁVEL
- COMPORTAMENTOS ADEQUADOS
- SONO REGENERATIVO
- RESPIRAÇÃO IDEAL

ANOTAÇÕES
_____
_____
_____
_____
_____
_____
_____
_____
_____

CONSUMO DIÁRIO DE ÁGUA — COPOS

Sérgio Bertoluci

DIA 46

/ / DATA

Ou você muda, ou tudo se repete. Viva com sabedoria, pare de errar nas mesmas coisas.

5 pilares da saúde

- [ ] TREINO DE QUALIDADE
- [ ] ALIMENTAÇÃO SAUDÁVEL
- [ ] COMPORTAMENTOS ADEQUADOS
- [ ] SONO REGENERATIVO
- [ ] RESPIRAÇÃO IDEAL

TREINO DO DIA

ANOTAÇÕES

_____
_____
_____
_____
_____
_____
_____
_____

CONSUMO DIÁRIO DE ÁGUA COPOS

DATA / /

DIA 47

Saia do passado. Pare de mostrar fotos de como você era. Tenha orgulho de quem você é hoje.

TREINO DO DIA

5 pilares da saúde
- TREINO DE QUALIDADE
- ALIMENTAÇÃO SAUDÁVEL
- COMPORTAMENTOS ADEQUADOS
- SONO REGENERATIVO
- RESPIRAÇÃO IDEAL

ANOTAÇÕES
_____
_____
_____
_____
_____
_____
_____
_____
_____
_____

CONSUMO DIÁRIO DE ÁGUA COPOS

Sérgio Bertoluci

DIA 48

/ / **DATA**

A melhor maneira de aguentar pressão é melhorando o seu preparo.

5 pilares da saúde

- TREINO DE QUALIDADE
- ALIMENTAÇÃO SAUDÁVEL
- COMPORTAMENTOS ADEQUADOS
- SONO REGENERATIVO
- RESPIRAÇÃO IDEAL

TREINO DO DIA

ANOTAÇÕES

_____
_____
_____
_____
_____
_____
_____
_____

CONSUMO DIÁRIO DE ÁGUA COPOS

DATA / /

DIA 49

Escolha o que comer pelo quanto o alimento faz bem para a sua saúde.

TREINO DO DIA

5 pilares da saúde
- TREINO DE QUALIDADE
- ALIMENTAÇÃO SAUDÁVEL
- COMPORTAMENTOS ADEQUADOS
- SONO REGENERATIVO
- RESPIRAÇÃO IDEAL

ANOTAÇÕES

_____
_____
_____
_____
_____
_____
_____
_____
_____
_____
_____

CONSUMO DIÁRIO DE ÁGUA — COPOS

Sérgio Bertoluci

DIA 50

/ / **DATA**

As coisas não se resolvem sozinhas, você resolve as coisas.

5 pilares da saúde

- TREINO DE QUALIDADE
- ALIMENTAÇÃO SAUDÁVEL
- COMPORTAMENTOS ADEQUADOS
- SONO REGENERATIVO
- RESPIRAÇÃO IDEAL

TREINO DO DIA

ANOTAÇÕES

_____
_____
_____
_____
_____
_____
_____
_____

CONSUMO DIÁRIO DE ÁGUA COPOS

66 Treino Todo Santo Sia

DATA / /

DIA 51

Genética ajuda ou atrapalha, mas não determina.

5 pilares da saúde
- TREINO DE QUALIDADE
- ALIMENTAÇÃO SAUDÁVEL
- COMPORTAMENTOS ADEQUADOS
- SONO REGENERATIVO
- RESPIRAÇÃO IDEAL

ANOTAÇÕES
_____
_____
_____
_____
_____
_____
_____
_____
_____
_____
_____

CONSUMO DIÁRIO DE ÁGUA COPOS

DIA 52

/ / **DATA**

O abdômen trincado é o auge da qualidade muscular.

5 pilares da saúde

- TREINO DE QUALIDADE
- ALIMENTAÇÃO SAUDÁVEL
- COMPORTAMENTOS ADEQUADOS
- SONO REGENERATIVO
- RESPIRAÇÃO IDEAL

TREINO DO DIA

ANOTAÇÕES

_____
_____
_____
_____
_____
_____
_____
_____
_____

CONSUMO DIÁRIO DE ÁGUA COPOS

DATA / /

DIA 53

O sedentário age de forma egoísta.

5 pilares da saúde
- [ ] TREINO DE QUALIDADE
- [ ] ALIMENTAÇÃO SAUDÁVEL
- [ ] COMPORTAMENTOS ADEQUADOS
- [ ] SONO REGENERATIVO
- [ ] RESPIRAÇÃO IDEAL

ANOTAÇÕES

_____
_____
_____
_____
_____
_____
_____
_____
_____

CONSUMO DIÁRIO DE ÁGUA — COPOS

Sérgio Bertoluci

DIA 54

/ / **DATA**

O movimento deve ser organizado, com precisão e inteligente.

5 pilares da saúde

- TREINO DE QUALIDADE
- ALIMENTAÇÃO SAUDÁVEL
- COMPORTAMENTOS ADEQUADOS
- SONO REGENERATIVO
- RESPIRAÇÃO IDEAL

TREINO DO DIA

ANOTAÇÕES

_____
_____
_____
_____
_____
_____
_____
_____
_____
_____
_____
_____

CONSUMO DIÁRIO DE ÁGUA — COPOS

DATA / /

DIA 55

Não espere ter energia para começar a treinar, o treino gera energia.

5 pilares da saúde
- ☐ TREINO DE QUALIDADE
- ☐ ALIMENTAÇÃO SAUDÁVEL
- ☐ COMPORTAMENTOS ADEQUADOS
- ☐ SONO REGENERATIVO
- ☐ RESPIRAÇÃO IDEAL

ANOTAÇÕES
_____
_____
_____
_____
_____
_____
_____
_____
_____

CONSUMO DIÁRIO DE ÁGUA COPOS

Sérgio Bertoluci

DIA 56

/ / DATA

Segue firme, SUPER-HUMANO, até o final.

5 pilares da saúde

- TREINO DE QUALIDADE ☐
- ALIMENTAÇÃO SAUDÁVEL ☐
- COMPORTAMENTOS ADEQUADOS ☐
- SONO REGENERATIVO ☐
- RESPIRAÇÃO IDEAL ☐

TREINO DO DIA

ANOTAÇÕES

_____
_____
_____
_____
_____
_____
_____
_____

CONSUMO DIÁRIO DE ÁGUA / COPOS

_____
_____
_____
_____

Treino Todo Santo Sia

DATA / /

DIA 57

Não adianta querer comprar um corpo novo, é você quem constrói ele *Todo Santo Dia*.

5 pilares da saúde
- TREINO DE QUALIDADE
- ALIMENTAÇÃO SAUDÁVEL
- COMPORTAMENTOS ADEQUADOS
- SONO REGENERATIVO
- RESPIRAÇÃO IDEAL

ANOTAÇÕES
_____
_____
_____
_____
_____
_____
_____
_____
_____

CONSUMO DIÁRIO DE ÁGUA COPOS

Sérgio Bertoluci

DIA 58

/ / **DATA**

O corpo que você quer depende de comportamentos que você ainda não instalou.

5 pilares da saúde

- TREINO DE QUALIDADE ☐
- ALIMENTAÇÃO SAUDÁVEL ☐
- COMPORTAMENTOS ADEQUADOS ☐
- SONO REGENERATIVO ☐
- RESPIRAÇÃO IDEAL ☐

TREINO DO DIA

ANOTAÇÕES

_____
_____
_____
_____
_____
_____
_____
_____

CONSUMO DIÁRIO DE ÁGUA COPOS

74 Treino Todo Santo Sia

DATA / /

DIA 59

O corpo é sincero, não mente. Não adianta tentar esconder, ele mostra o resultado de seus hábitos.

5 pilares da saúde
- [ ] TREINO DE QUALIDADE
- [ ] ALIMENTAÇÃO SAUDÁVEL
- [ ] COMPORTAMENTOS ADEQUADOS
- [ ] SONO REGENERATIVO
- [ ] RESPIRAÇÃO IDEAL

ANOTAÇÕES
_____
_____
_____
_____
_____
_____
_____
_____
_____

CONSUMO DIÁRIO DE ÁGUA — COPOS

DIA 60

/ / **DATA**

Treinar é *Todo Santo Dia.*

5 pilares da saúde

- [ ] TREINO DE QUALIDADE
- [ ] ALIMENTAÇÃO SAUDÁVEL
- [ ] COMPORTAMENTOS ADEQUADOS
- [ ] SONO REGENERATIVO
- [ ] RESPIRAÇÃO IDEAL

TREINO DO DIA

ANOTAÇÕES

_____
_____
_____
_____
_____
_____
_____
_____

CONSUMO DIÁRIO DE ÁGUA COPOS

_____
_____
_____
_____
_____

DATA / /

DIA 61

Não basta estar no lugar certo com as pessoas certas, é preciso ter os comportamentos adequados.

5 pilares da saúde
- [ ] TREINO DE QUALIDADE
- [ ] ALIMENTAÇÃO SAUDÁVEL
- [ ] COMPORTAMENTOS ADEQUADOS
- [ ] SONO REGENERATIVO
- [ ] RESPIRAÇÃO IDEAL

TREINO DO DIA

ANOTAÇÕES

_____
_____
_____
_____
_____
_____
_____
_____
_____

CONSUMO DIÁRIO DE ÁGUA COPOS

Sérgio Bertoluci

DIA 62

/ / **DATA**

Se tamanho fosse documento, o elefante seria o rei da selva.

5 pilares da saúde

- TREINO DE QUALIDADE ☐
- ALIMENTAÇÃO SAUDÁVEL ☐
- COMPORTAMENTOS ADEQUADOS ☐
- SONO REGENERATIVO ☐
- RESPIRAÇÃO IDEAL ☐

TREINO DO DIA

ANOTAÇÕES

_____
_____
_____
_____
_____
_____
_____
_____

CONSUMO DIÁRIO DE ÁGUA COPOS

DATA / /

DIA 63

Longevidade é aproveitar os filhos e netos com energia e disposição.

TREINO DO DIA

5 pilares da saúde
- [ ] TREINO DE QUALIDADE
- [ ] ALIMENTAÇÃO SAUDÁVEL
- [ ] COMPORTAMENTOS ADEQUADOS
- [ ] SONO REGENERATIVO
- [ ] RESPIRAÇÃO IDEAL

ANOTAÇÕES
_____
_____
_____
_____
_____
_____
_____
_____
_____

CONSUMO DIÁRIO DE ÁGUA COPOS

Sérgio Bertoluci

DIA 64

/ / **DATA**

Você carrega grandes responsabilidades, cuide-se mais.

5 pilares da saúde

- TREINO DE QUALIDADE ☐
- ALIMENTAÇÃO SAUDÁVEL ☐
- COMPORTAMENTOS ADEQUADOS ☐
- SONO REGENERATIVO ☐
- RESPIRAÇÃO IDEAL ☐

TREINO DO DIA

ANOTAÇÕES

_____
_____
_____
_____
_____
_____
_____

CONSUMO DIÁRIO DE ÁGUA COPOS

Treino Todo Santo Sia

DATA / /

DIA 65

Saúde é dinheiro; se você adoecer, seus negócios continuam?

5 pilares da saúde
- [ ] TREINO DE QUALIDADE
- [ ] ALIMENTAÇÃO SAUDÁVEL
- [ ] COMPORTAMENTOS ADEQUADOS
- [ ] SONO REGENERATIVO
- [ ] RESPIRAÇÃO IDEAL

ANOTAÇÕES

_____
_____
_____
_____
_____
_____
_____
_____
_____
_____

CONSUMO DIÁRIO DE ÁGUA COPOS

Sérgio Bertoluci

DIA 66

/ / **DATA**

> Quem não tem saúde tem só um objetivo;
> quem tem saúde tem vários.

5 pilares da saúde

- TREINO DE QUALIDADE ☐
- ALIMENTAÇÃO SAUDÁVEL ☐
- COMPORTAMENTOS ADEQUADOS ☐
- SONO REGENERATIVO ☐
- RESPIRAÇÃO IDEAL ☐

TREINO DO DIA

ANOTAÇÕES

_____
_____
_____
_____
_____
_____
_____

CONSUMO DIÁRIO DE ÁGUA — COPOS

DATA / /

DIA 67

O que te impede de fazer mais hoje?

TREINO DO DIA

5 pilares da saúde
- TREINO DE QUALIDADE
- ALIMENTAÇÃO SAUDÁVEL
- COMPORTAMENTOS ADEQUADOS
- SONO REGENERATIVO
- RESPIRAÇÃO IDEAL

ANOTAÇÕES
_____
_____
_____
_____
_____
_____
_____
_____
_____

CONSUMO DIÁRIO DE ÁGUA COPOS

Sérgio Bertoluci

DIA 68

/ / **DATA**

Obedeça mais, erre menos.

5 pilares da saúde
- TREINO DE QUALIDADE ☐
- ALIMENTAÇÃO SAUDÁVEL ☐
- COMPORTAMENTOS ADEQUADOS ☐
- SONO REGENERATIVO ☐
- RESPIRAÇÃO IDEAL ☐

TREINO DO DIA

ANOTAÇÕES
_____
_____
_____
_____
_____
_____
_____

CONSUMO DIÁRIO DE ÁGUA COPOS

DATA / /

DIA 69

Você é o que come, o que bebe,
o que sente e o que faz.

TREINO DO DIA

5 pilares da saúde
- TREINO DE QUALIDADE
- ALIMENTAÇÃO SAUDÁVEL
- COMPORTAMENTOS ADEQUADOS
- SONO REGENERATIVO
- RESPIRAÇÃO IDEAL

ANOTAÇÕES

_____
_____
_____
_____
_____
_____
_____
_____
_____
_____

CONSUMO DIÁRIO DE ÁGUA COPOS

Sérgio Bertoluci

DIA 70

/ / DATA

Faça mais e reclame menos.

5 pilares da saúde

- TREINO DE QUALIDADE ☐
- ALIMENTAÇÃO SAUDÁVEL ☐
- COMPORTAMENTOS ADEQUADOS ☐
- SONO REGENERATIVO ☐
- RESPIRAÇÃO IDEAL ☐

TREINO DO DIA

ANOTAÇÕES

_____
_____
_____
_____
_____
_____
_____
_____

CONSUMO DIÁRIO DE ÁGUA COPOS

DATA / /

DIA 71

O desânimo não traz bem-estar algum.

5 pilares da saúde
- TREINO DE QUALIDADE
- ALIMENTAÇÃO SAUDÁVEL
- COMPORTAMENTOS ADEQUADOS
- SONO REGENERATIVO
- RESPIRAÇÃO IDEAL

TREINO DO DIA

ANOTAÇÕES
_____
_____
_____
_____
_____
_____
_____
_____
_____
_____
_____

CONSUMO DIÁRIO DE ÁGUA COPOS

Sérgio Bertoluci

DIA 72

/ / DATA

Deixe de ter barriga e passe a ter abdômen.
Não basta querer, tem de conquistar.

5 pilares da saúde

- TREINO DE QUALIDADE
- ALIMENTAÇÃO SAUDÁVEL
- COMPORTAMENTOS ADEQUADOS
- SONO REGENERATIVO
- RESPIRAÇÃO IDEAL

TREINO DO DIA

ANOTAÇÕES

_____
_____
_____
_____
_____
_____
_____
_____

CONSUMO DIÁRIO DE ÁGUA COPOS

DATA / /

DIA 73

Eu sei que você quer melhorar o *shape* rapidamente, treinando poucos minutos por dia, em qualquer lugar. Está esperando o quê?

TREINO DO DIA

5 pilares da saúde
- [ ] TREINO DE QUALIDADE
- [ ] ALIMENTAÇÃO SAUDÁVEL
- [ ] COMPORTAMENTOS ADEQUADOS
- [ ] SONO REGENERATIVO
- [ ] RESPIRAÇÃO IDEAL

ANOTAÇÕES

_____
_____
_____
_____
_____
_____
_____
_____
_____
_____
_____

CONSUMO DIÁRIO DE ÁGUA COPOS

Sérgio Bertoluci

DIA 74

/ / **DATA**

Tenha um hobby que te traga saúde, pratique um esporte.

5 pilares da saúde
- TREINO DE QUALIDADE
- ALIMENTAÇÃO SAUDÁVEL
- COMPORTAMENTOS ADEQUADOS
- SONO REGENERATIVO
- RESPIRAÇÃO IDEAL

TREINO DO DIA

ANOTAÇÕES

_____
_____
_____
_____
_____
_____
_____

CONSUMO DIÁRIO DE ÁGUA COPOS

90 Treino Todo Santo Sia

DATA / /

DIA 75

A saúde é a base para você dominar o seu dia, a sua vida e as suas escolhas.

5 pilares da saúde
- [ ] TREINO DE QUALIDADE
- [ ] ALIMENTAÇÃO SAUDÁVEL
- [ ] COMPORTAMENTOS ADEQUADOS
- [ ] SONO REGENERATIVO
- [ ] RESPIRAÇÃO IDEAL

ANOTAÇÕES
_____
_____
_____
_____
_____
_____
_____
_____
_____
_____

CONSUMO DIÁRIO DE ÁGUA — COPOS

Sérgio Bertoluci

DIA 76

/ / **DATA**

Você é imagem e semelhança do Criador. Como você O representa aqui na Terra?

5 pilares da saúde
- TREINO DE QUALIDADE
- ALIMENTAÇÃO SAUDÁVEL
- COMPORTAMENTOS ADEQUADOS
- SONO REGENERATIVO
- RESPIRAÇÃO IDEAL

TREINO DO DIA

ANOTAÇÕES
_____
_____
_____
_____
_____
_____
_____

CONSUMO DIÁRIO DE ÁGUA COPOS

DATA / /

DIA 77

Quando olha para o seu corpo, você sente orgulho ou vergonha?

5 pilares da saúde
- [ ] TREINO DE QUALIDADE
- [ ] ALIMENTAÇÃO SAUDÁVEL
- [ ] COMPORTAMENTOS ADEQUADOS
- [ ] SONO REGENERATIVO
- [ ] RESPIRAÇÃO IDEAL

ANOTAÇÕES

_____
_____
_____
_____
_____
_____
_____
_____
_____
_____
_____

CONSUMO DIÁRIO DE ÁGUA COPOS

Sérgio Bertoluci

DIA 78

/ / **DATA**

Talvez você já tenha uma foto do antes e depois, mas e agora? Como está?

5 pilares da saúde
- TREINO DE QUALIDADE
- ALIMENTAÇÃO SAUDÁVEL
- COMPORTAMENTOS ADEQUADOS
- SONO REGENERATIVO
- RESPIRAÇÃO IDEAL

TREINO DO DIA

ANOTAÇÕES

CONSUMO DIÁRIO DE ÁGUA COPOS

Treino Todo Santo Sia

DATA / /

DIA 79

Dieta é para doente. Tenha uma alimentação saudável e pronto.

5 pilares da saúde
- [ ] TREINO DE QUALIDADE
- [ ] ALIMENTAÇÃO SAUDÁVEL
- [ ] COMPORTAMENTOS ADEQUADOS
- [ ] SONO REGENERATIVO
- [ ] RESPIRAÇÃO IDEAL

TREINO DO DIA

ANOTAÇÕES

_____
_____
_____
_____
_____
_____
_____
_____
_____
_____
_____

CONSUMO DIÁRIO DE ÁGUA — COPOS

Sérgio Bertoluci

DIA 80

/ / **DATA**

Quem não pode, faz. Quem pode, não faz.

5 pilares da saúde

- TREINO DE QUALIDADE ☐
- ALIMENTAÇÃO SAUDÁVEL ☐
- COMPORTAMENTOS ADEQUADOS ☐
- SONO REGENERATIVO ☐
- RESPIRAÇÃO IDEAL ☐

TREINO DO DIA

ANOTAÇÕES

_____
_____
_____
_____
_____
_____
_____
_____

CONSUMO DIÁRIO DE ÁGUA — COPOS

DATA / /

DIA 81

Sua vida muda quando você muda.

5 pilares da saúde
- TREINO DE QUALIDADE
- ALIMENTAÇÃO SAUDÁVEL
- COMPORTAMENTOS ADEQUADOS
- SONO REGENERATIVO
- RESPIRAÇÃO IDEAL

ANOTAÇÕES

_____
_____
_____
_____
_____
_____
_____
_____
_____
_____

CONSUMO DIÁRIO DE ÁGUA COPOS

Sérgio Bertoluci

DIA 82

/ / **DATA**

Posso alcançar tudo o que um ser humano consegue, e se ninguém conseguiu, posso ser o primeiro.

5 pilares da saúde

- [ ] TREINO DE QUALIDADE
- [ ] ALIMENTAÇÃO SAUDÁVEL
- [ ] COMPORTAMENTOS ADEQUADOS
- [ ] SONO REGENERATIVO
- [ ] RESPIRAÇÃO IDEAL

TREINO DO DIA

ANOTAÇÕES

_____
_____
_____
_____
_____
_____
_____
_____

CONSUMO DIÁRIO DE ÁGUA — COPOS

DATA / /

DIA 83

Se você não tem os recursos necessários, você tem a capacidade para criá-los.

5 pilares da saúde
- TREINO DE QUALIDADE
- ALIMENTAÇÃO SAUDÁVEL
- COMPORTAMENTOS ADEQUADOS
- SONO REGENERATIVO
- RESPIRAÇÃO IDEAL

ANOTAÇÕES

_____
_____
_____
_____
_____
_____
_____
_____
_____

CONSUMO DIÁRIO DE ÁGUA — COPOS

Sérgio Bertoluci

DIA 84

/ / **DATA**

Depois que entender que treinar é para sempre, você nunca mais deixará de treinar.

5 pilares da saúde

- TREINO DE QUALIDADE
- ALIMENTAÇÃO SAUDÁVEL
- COMPORTAMENTOS ADEQUADOS
- SONO REGENERATIVO
- RESPIRAÇÃO IDEAL

TREINO DO DIA

ANOTAÇÕES

_____
_____
_____
_____
_____
_____
_____
_____
_____
_____
_____
_____

CONSUMO DIÁRIO DE ÁGUA COPOS

DATA / /

DIA 85

O treino que nos leva ao limite é o que nos torna mais fortes.

TREINO DO DIA

5 pilares da saúde
- [ ] TREINO DE QUALIDADE
- [ ] ALIMENTAÇÃO SAUDÁVEL
- [ ] COMPORTAMENTOS ADEQUADOS
- [ ] SONO REGENERATIVO
- [ ] RESPIRAÇÃO IDEAL

ANOTAÇÕES

_____
_____
_____
_____
_____
_____
_____
_____
_____
_____

CONSUMO DIÁRIO DE ÁGUA — COPOS

Sérgio Bertoluci

DIA 86

/ / **DATA**

Eu posso ir a qualquer lugar, contanto que eu tenha saúde.

5 pilares da saúde

- [ ] TREINO DE QUALIDADE
- [ ] ALIMENTAÇÃO SAUDÁVEL
- [ ] COMPORTAMENTOS ADEQUADOS
- [ ] SONO REGENERATIVO
- [ ] RESPIRAÇÃO IDEAL

TREINO DO DIA

ANOTAÇÕES

_____
_____
_____
_____
_____
_____
_____
_____

CONSUMO DIÁRIO DE ÁGUA — COPOS

Treino Todo Santo Sia

DATA / /

DIA 87

> Você cria os seus padrões, e seus padrões criam você.

TREINO DO DIA

5 pilares da saúde
- [ ] TREINO DE QUALIDADE
- [ ] ALIMENTAÇÃO SAUDÁVEL
- [ ] COMPORTAMENTOS ADEQUADOS
- [ ] SONO REGENERATIVO
- [ ] RESPIRAÇÃO IDEAL

ANOTAÇÕES

_____
_____
_____
_____
_____
_____
_____
_____
_____

CONSUMO DIÁRIO DE ÁGUA — COPOS

DIA 88

DATA / /

O corpo que você tanto quer estará sempre em construção.

5 pilares da saúde

- TREINO DE QUALIDADE
- ALIMENTAÇÃO SAUDÁVEL
- COMPORTAMENTOS ADEQUADOS
- SONO REGENERATIVO
- RESPIRAÇÃO IDEAL

ANOTAÇÕES

_____
_____
_____
_____
_____
_____
_____
_____
_____
_____
_____

CONSUMO DIÁRIO DE ÁGUA COPOS

DATA / /

DIA 89

Milagres acontecem com aqueles que treinam *Todo Santo Dia*.

TREINO DO DIA

5 pilares da saúde
- TREINO DE QUALIDADE
- ALIMENTAÇÃO SAUDÁVEL
- COMPORTAMENTOS ADEQUADOS
- SONO REGENERATIVO
- RESPIRAÇÃO IDEAL

ANOTAÇÕES
_____
_____
_____
_____
_____
_____
_____
_____
_____

CONSUMO DIÁRIO DE ÁGUA COPOS

Sérgio Bertoluci

DIA 90

/ / **DATA**

O *Treino Todo Santo Dia* é uma força multiplicadora.

5 pilares da saúde

- TREINO DE QUALIDADE ☐
- ALIMENTAÇÃO SAUDÁVEL ☐
- COMPORTAMENTOS ADEQUADOS ☐
- SONO REGENERATIVO ☐
- RESPIRAÇÃO IDEAL ☐

TREINO DO DIA

ANOTAÇÕES

_____
_____
_____
_____
_____
_____
_____
_____

CONSUMO DIÁRIO DE ÁGUA — COPOS

Treino Todo Santo Sia

DATA / /

DIA 91

O dia tem 1440 minutos, você só precisa de 20 minutos para treinar.

TREINO DO DIA

5 pilares da saúde
- TREINO DE QUALIDADE
- ALIMENTAÇÃO SAUDÁVEL
- COMPORTAMENTOS ADEQUADOS
- SONO REGENERATIVO
- RESPIRAÇÃO IDEAL

ANOTAÇÕES
_____
_____
_____
_____
_____
_____
_____
_____
_____
_____

CONSUMO DIÁRIO DE ÁGUA COPOS

DIA 92

/ / **DATA**

O sedentarismo leva à fraqueza; o movimento organizado leva ao poder.

5 pilares da saúde

- TREINO DE QUALIDADE
- ALIMENTAÇÃO SAUDÁVEL
- COMPORTAMENTOS ADEQUADOS
- SONO REGENERATIVO
- RESPIRAÇÃO IDEAL

TREINO DO DIA

ANOTAÇÕES

_____
_____
_____
_____
_____
_____
_____
_____
_____

CONSUMO DIÁRIO DE ÁGUA COPOS

DATA / /

DIA 93

Não podemos recuperar o tempo que passou, mas podemos potencializar o tempo que está por vir.

5 pilares da saúde
- [ ] TREINO DE QUALIDADE
- [ ] ALIMENTAÇÃO SAUDÁVEL
- [ ] COMPORTAMENTOS ADEQUADOS
- [ ] SONO REGENERATIVO
- [ ] RESPIRAÇÃO IDEAL

ANOTAÇÕES

_____
_____
_____
_____
_____
_____
_____
_____
_____

CONSUMO DIÁRIO DE ÁGUA COPOS

DIA 94

／　／ **DATA**

Ter energia é ter combustível para produtividade.

5 pilares da saúde

- TREINO DE QUALIDADE ☐
- ALIMENTAÇÃO SAUDÁVEL ☐
- COMPORTAMENTOS ADEQUADOS ☐
- SONO REGENERATIVO ☐
- RESPIRAÇÃO IDEAL ☐

TREINO DO DIA

ANOTAÇÕES

_____
_____
_____
_____
_____
_____
_____
_____
_____
_____
_____
_____

CONSUMO DIÁRIO DE ÁGUA COPOS

DATA / /

DIA 95

Daqui a seis meses você vai desejar ter começado hoje.

5 pilares da saúde
- TREINO DE QUALIDADE
- ALIMENTAÇÃO SAUDÁVEL
- COMPORTAMENTOS ADEQUADOS
- SONO REGENERATIVO
- RESPIRAÇÃO IDEAL

TREINO DO DIA

ANOTAÇÕES
___
___
___
___
___
___
___
___
___
___

CONSUMO DIÁRIO DE ÁGUA COPOS

Sérgio Bertoluci

DIA 96 / / **DATA**

Músculos não surgem do nada, você precisa de esforço organizado para construí-los.

5 pilares da saúde
- TREINO DE QUALIDADE
- ALIMENTAÇÃO SAUDÁVEL
- COMPORTAMENTOS ADEQUADOS
- SONO REGENERATIVO
- RESPIRAÇÃO IDEAL

TREINO DO DIA

ANOTAÇÕES

CONSUMO DIÁRIO DE ÁGUA — COPOS

DATA / /

DIA 97

Um vencedor nunca para de treinar.

TREINO DO DIA

5 pilares da saúde
- TREINO DE QUALIDADE
- ALIMENTAÇÃO SAUDÁVEL
- COMPORTAMENTOS ADEQUADOS
- SONO REGENERATIVO
- RESPIRAÇÃO IDEAL

ANOTAÇÕES
_____
_____
_____
_____
_____
_____
_____
_____
_____

CONSUMO DIÁRIO DE ÁGUA COPOS

Sérgio Bertoluci

DIA 98

/ / DATA

Ajuste seu estilo de vida, o segredo está na sequência positiva.

5 pilares da saúde
- TREINO DE QUALIDADE ☐
- ALIMENTAÇÃO SAUDÁVEL ☐
- COMPORTAMENTOS ADEQUADOS ☐
- SONO REGENERATIVO ☐
- RESPIRAÇÃO IDEAL ☐

TREINO DO DIA

ANOTAÇÕES

_____
_____
_____
_____
_____
_____
_____
_____
_____
_____
_____

CONSUMO DIÁRIO DE ÁGUA — COPOS

DATA / /

DIA 99

Não podemos curar as dores do mundo, mas podemos curar as dores do nosso corpo.

TREINO DO DIA

5 pilares da saúde
- TREINO DE QUALIDADE
- ALIMENTAÇÃO SAUDÁVEL
- COMPORTAMENTOS ADEQUADOS
- SONO REGENERATIVO
- RESPIRAÇÃO IDEAL

ANOTAÇÕES
_____
_____
_____
_____
_____
_____
_____
_____
_____
_____

CONSUMO DIÁRIO DE ÁGUA COPOS

DIA 100

/ / **DATA**

Não espere por motivação e energia, vá em busca delas.

5 pilares da saúde
- TREINO DE QUALIDADE
- ALIMENTAÇÃO SAUDÁVEL
- COMPORTAMENTOS ADEQUADOS
- SONO REGENERATIVO
- RESPIRAÇÃO IDEAL

TREINO DO DIA

ANOTAÇÕES

_____
_____
_____
_____
_____
_____
_____
_____
_____

CONSUMO DIÁRIO DE ÁGUA COPOS

DATA / /

DIA 101

Trincar o abdômen não é sobre genética, é sobre atitude.

5 pilares da saúde
- [ ] TREINO DE QUALIDADE
- [ ] ALIMENTAÇÃO SAUDÁVEL
- [ ] COMPORTAMENTOS ADEQUADOS
- [ ] SONO REGENERATIVO
- [ ] RESPIRAÇÃO IDEAL

TREINO DO DIA

ANOTAÇÕES

___
___
___
___
___
___
___
___
___
___
___

CONSUMO DIÁRIO DE ÁGUA COPOS

Sérgio Bertoluci

DIA 102

/ / **DATA**

A autoconfiança é desenvolvida pelo treino *Todo Santo Dia*.

5 pilares da saúde

- TREINO DE QUALIDADE
- ALIMENTAÇÃO SAUDÁVEL
- COMPORTAMENTOS ADEQUADOS
- SONO REGENERATIVO
- RESPIRAÇÃO IDEAL

TREINO DO DIA

ANOTAÇÕES

_____
_____
_____
_____
_____
_____
_____
_____

CONSUMO DIÁRIO DE ÁGUA COPOS

Treino Todo Santo Sia

DATA / /

DIA 103

Movimento gera ganhos, sedentarismo gera perdas.

TREINO DO DIA

5 pilares da saúde
- [ ] TREINO DE QUALIDADE
- [ ] ALIMENTAÇÃO SAUDÁVEL
- [ ] COMPORTAMENTOS ADEQUADOS
- [ ] SONO REGENERATIVO
- [ ] RESPIRAÇÃO IDEAL

ANOTAÇÕES
_____
_____
_____
_____
_____
_____
_____
_____
_____
_____

CONSUMO DIÁRIO DE ÁGUA COPOS

Sérgio Bertoluci

DIA 104

/ / DATA

É preciso coragem para transformar o corpo. Deixe de ser medroso.

5 pilares da saúde

- TREINO DE QUALIDADE
- ALIMENTAÇÃO SAUDÁVEL
- COMPORTAMENTOS ADEQUADOS
- SONO REGENERATIVO
- RESPIRAÇÃO IDEAL

TREINO DO DIA

ANOTAÇÕES

_____
_____
_____
_____
_____
_____
_____

CONSUMO DIÁRIO DE ÁGUA COPOS

DATA / /

DIA 105

Treinar intensamente *Todo Santo Dia* cansa qualquer pessoa: alguns se tornam mais fortes; outros desistem.

TREINO DO DIA

5 pilares da saúde

- TREINO DE QUALIDADE
- ALIMENTAÇÃO SAUDÁVEL
- COMPORTAMENTOS ADEQUADOS
- SONO REGENERATIVO
- RESPIRAÇÃO IDEAL

ANOTAÇÕES

_____
_____
_____
_____
_____
_____
_____
_____
_____
_____
_____

CONSUMO DIÁRIO DE ÁGUA COPOS

Sérgio Bertoluci

DIA 106

/ / **DATA**

Ao se conectar mais com o seu corpo, você se moverá na direção certa.

5 pilares da saúde

- TREINO DE QUALIDADE
- ALIMENTAÇÃO SAUDÁVEL
- COMPORTAMENTOS ADEQUADOS
- SONO REGENERATIVO
- RESPIRAÇÃO IDEAL

TREINO DO DIA

ANOTAÇÕES

_____
_____
_____
_____
_____
_____
_____
_____
_____

CONSUMO DIÁRIO DE ÁGUA — COPOS

DATA / /

DIA 107

Você não encontrará o sucesso evitando o movimento.

TREINO DO DIA

5 pilares da saúde
- [ ] TREINO DE QUALIDADE
- [ ] ALIMENTAÇÃO SAUDÁVEL
- [ ] COMPORTAMENTOS ADEQUADOS
- [ ] SONO REGENERATIVO
- [ ] RESPIRAÇÃO IDEAL

ANOTAÇÕES
_____
_____
_____
_____
_____
_____
_____
_____
_____
_____
_____
_____

CONSUMO DIÁRIO DE ÁGUA COPOS

Sérgio Bertoluci

DIA 108

/ / **DATA**

Treino de qualidade, alimentação saudável, comportamentos adequados, sono regenerativo e respiração ideal: os 5 Pilares da Saúde.

5 pilares da saúde

- [ ] TREINO DE QUALIDADE
- [ ] ALIMENTAÇÃO SAUDÁVEL
- [ ] COMPORTAMENTOS ADEQUADOS
- [ ] SONO REGENERATIVO
- [ ] RESPIRAÇÃO IDEAL

TREINO DO DIA

ANOTAÇÕES

_____
_____
_____
_____
_____
_____
_____

CONSUMO DIÁRIO DE ÁGUA — COPOS

DATA / /

DIA 109

Para se encontrar, comece a treinar *Todo Santo Dia*.

5 pilares da saúde
- TREINO DE QUALIDADE
- ALIMENTAÇÃO SAUDÁVEL
- COMPORTAMENTOS ADEQUADOS
- SONO REGENERATIVO
- RESPIRAÇÃO IDEAL

TREINO DO DIA

ANOTAÇÕES
_____
_____
_____
_____
_____
_____
_____
_____
_____
_____

CONSUMO DIÁRIO DE ÁGUA COPOS

Sérgio Bertoluci

DIA 110

/ / **DATA**

Pessoas sábias usam o movimento para gerar energia e arranjar a solução para qualquer situação.

5 pilares da saúde

- TREINO DE QUALIDADE
- ALIMENTAÇÃO SAUDÁVEL
- COMPORTAMENTOS ADEQUADOS
- SONO REGENERATIVO
- RESPIRAÇÃO IDEAL

TREINO DO DIA

ANOTAÇÕES

_____
_____
_____
_____
_____
_____
_____

CONSUMO DIÁRIO DE ÁGUA COPOS

DATA / /

DIA 111

O foco não deve estar no tamanho do seu problema, mas em demostrar a sua grandeza diante dele.

5 pilares da saúde
- TREINO DE QUALIDADE
- ALIMENTAÇÃO SAUDÁVEL
- COMPORTAMENTOS ADEQUADOS
- SONO REGENERATIVO
- RESPIRAÇÃO IDEAL

ANOTAÇÕES
_____
_____
_____
_____
_____
_____
_____
_____
_____
_____

CONSUMO DIÁRIO DE ÁGUA COPOS

Sérgio Bertoluci

DIA 112

/ / **DATA**

Não temos medo do futuro, treinamos para nos sentirmos melhor a cada dia.

5 pilares da saúde

- TREINO DE QUALIDADE ☐
- ALIMENTAÇÃO SAUDÁVEL ☐
- COMPORTAMENTOS ADEQUADOS ☐
- SONO REGENERATIVO ☐
- RESPIRAÇÃO IDEAL ☐

TREINO DO DIA

ANOTAÇÕES

_____
_____
_____
_____
_____
_____
_____

CONSUMO DIÁRIO DE ÁGUA COPOS

DATA / /

DIA 113

A vida começa com movimentos aleatórios, continua com movimento organizado e termina pela falta de movimento.

TREINO DO DIA

5 pilares da saúde
- [ ] TREINO DE QUALIDADE
- [ ] ALIMENTAÇÃO SAUDÁVEL
- [ ] COMPORTAMENTOS ADEQUADOS
- [ ] SONO REGENERATIVO
- [ ] RESPIRAÇÃO IDEAL

ANOTAÇÕES
_____
_____
_____
_____
_____
_____
_____
_____
_____

CONSUMO DIÁRIO DE ÁGUA — COPOS

Sérgio Bertoluci

DIA 114

/ / **DATA**

Livre-se das más companhias. Quando as pessoas erradas saem da sua vida, as coisas certas acontecem.

5 pilares da saúde
- TREINO DE QUALIDADE ☐
- ALIMENTAÇÃO SAUDÁVEL ☐
- COMPORTAMENTOS ADEQUADOS ☐
- SONO REGENERATIVO ☐
- RESPIRAÇÃO IDEAL ☐

TREINO DO DIA

ANOTAÇÕES
_____
_____
_____
_____
_____
_____
_____

CONSUMO DIÁRIO DE ÁGUA — COPOS

DATA / /

DIA 115

Errar é humano, errar duas vezes é comum, errar três vezes é falta de amor-próprio.

5 pilares da saúde
- TREINO DE QUALIDADE
- ALIMENTAÇÃO SAUDÁVEL
- COMPORTAMENTOS ADEQUADOS
- SONO REGENERATIVO
- RESPIRAÇÃO IDEAL

ANOTAÇÕES

_____
_____
_____
_____
_____
_____
_____
_____
_____
_____
_____

CONSUMO DIÁRIO DE ÁGUA COPOS

Sérgio Bertoluci

DIA 116

/ / **DATA**

Você pode ser muito mais feliz mudando pequenas coisas no seu dia.

5 pilares da saúde

- TREINO DE QUALIDADE ☐
- ALIMENTAÇÃO SAUDÁVEL ☐
- COMPORTAMENTOS ADEQUADOS ☐
- SONO REGENERATIVO ☐
- RESPIRAÇÃO IDEAL ☐

TREINO DO DIA

ANOTAÇÕES

_____
_____
_____
_____
_____
_____
_____
_____

CONSUMO DIÁRIO DE ÁGUA

COPOS

DATA / /

DIA 117

Você decide quem quer ser através das suas escolhas diárias.

5 pilares da saúde
- [ ] TREINO DE QUALIDADE
- [ ] ALIMENTAÇÃO SAUDÁVEL
- [ ] COMPORTAMENTOS ADEQUADOS
- [ ] SONO REGENERATIVO
- [ ] RESPIRAÇÃO IDEAL

TREINO DO DIA

ANOTAÇÕES

CONSUMO DIÁRIO DE ÁGUA COPOS

Sérgio Bertoluci

DIA 118

/ / **DATA**

Nem todos os sedentários estão perdidos.

5 pilares da saúde

- TREINO DE QUALIDADE
- ALIMENTAÇÃO SAUDÁVEL
- COMPORTAMENTOS ADEQUADOS
- SONO REGENERATIVO
- RESPIRAÇÃO IDEAL

TREINO DO DIA

ANOTAÇÕES

CONSUMO DIÁRIO DE ÁGUA COPOS

DATA / /

DIA 119

Um corpo parado está seguro, mas não foi para isso que você foi criado.

TREINO DO DIA

5 pilares da saúde
- TREINO DE QUALIDADE
- ALIMENTAÇÃO SAUDÁVEL
- COMPORTAMENTOS ADEQUADOS
- SONO REGENERATIVO
- RESPIRAÇÃO IDEAL

ANOTAÇÕES

_____
_____
_____
_____
_____
_____
_____
_____
_____
_____

CONSUMO DIÁRIO DE ÁGUA COPOS

Sérgio Bertoluci

DIA 120

/ / **DATA**

O segredo para alcançar o resultado desejado é começar e continuar na direção certa, pelo tempo que precisar.

5 pilares da saúde

- [ ] TREINO DE QUALIDADE
- [ ] ALIMENTAÇÃO SAUDÁVEL
- [ ] COMPORTAMENTOS ADEQUADOS
- [ ] SONO REGENERATIVO
- [ ] RESPIRAÇÃO IDEAL

TREINO DO DIA

ANOTAÇÕES

_____
_____
_____
_____
_____
_____
_____
_____

CONSUMO DIÁRIO DE ÁGUA — COPOS

DATA / /

DIA 121

Antes de qualquer coisa, treine *Todo Santo Dia*.

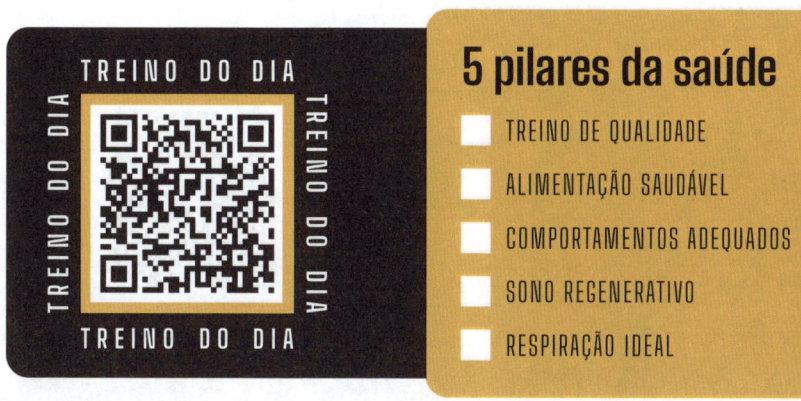

5 pilares da saúde
- [ ] TREINO DE QUALIDADE
- [ ] ALIMENTAÇÃO SAUDÁVEL
- [ ] COMPORTAMENTOS ADEQUADOS
- [ ] SONO REGENERATIVO
- [ ] RESPIRAÇÃO IDEAL

ANOTAÇÕES

_____
_____
_____
_____
_____
_____
_____
_____
_____

CONSUMO DIÁRIO DE ÁGUA COPOS

Sérgio Bertoluci

DIA 122

/ / **DATA**

Apesar do sofrimento de muitos, há muita coisa boa para viver.

5 pilares da saúde
- TREINO DE QUALIDADE ☐
- ALIMENTAÇÃO SAUDÁVEL ☐
- COMPORTAMENTOS ADEQUADOS ☐
- SONO REGENERATIVO ☐
- RESPIRAÇÃO IDEAL ☐

TREINO DO DIA

ANOTAÇÕES
_____
_____
_____
_____
_____
_____
_____
_____

CONSUMO DIÁRIO DE ÁGUA COPOS

Treino Todo Santo Sia

DATA / /

DIA 123

Emagrecer revela força e determinação, enquanto ganhar peso pode revelar desafios pessoais.

TREINO DO DIA

5 pilares da saúde
- TREINO DE QUALIDADE
- ALIMENTAÇÃO SAUDÁVEL
- COMPORTAMENTOS ADEQUADOS
- SONO REGENERATIVO
- RESPIRAÇÃO IDEAL

ANOTAÇÕES
_____
_____
_____
_____
_____
_____
_____
_____
_____

CONSUMO DIÁRIO DE ÁGUA COPOS

Sérgio Bertoluci

DIA 124

/ / **DATA**

Pessoas saudáveis obtém resultados incríveis.

5 pilares da saúde

- TREINO DE QUALIDADE ☐
- ALIMENTAÇÃO SAUDÁVEL ☐
- COMPORTAMENTOS ADEQUADOS ☐
- SONO REGENERATIVO ☐
- RESPIRAÇÃO IDEAL ☐

TREINO DO DIA

ANOTAÇÕES

_____
_____
_____
_____
_____
_____
_____
_____

CONSUMO DIÁRIO DE ÁGUA — COPOS

DATA / /

DIA 125

Não há nada de nobre em estar melhor fisicamente do que outra pessoa, a verdadeira nobreza está em ser melhor do que você foi ontem.

5 pilares da saúde
- TREINO DE QUALIDADE
- ALIMENTAÇÃO SAUDÁVEL
- COMPORTAMENTOS ADEQUADOS
- SONO REGENERATIVO
- RESPIRAÇÃO IDEAL

ANOTAÇÕES

CONSUMO DIÁRIO DE ÁGUA COPOS

Sérgio Bertoluci

DIA 126

/ / **DATA**

Só saber como emagrecer não emagrece ninguém, você precisa partir para a ação e conquistar o emagrecimento.

5 pilares da saúde

- [ ] TREINO DE QUALIDADE
- [ ] ALIMENTAÇÃO SAUDÁVEL
- [ ] COMPORTAMENTOS ADEQUADOS
- [ ] SONO REGENERATIVO
- [ ] RESPIRAÇÃO IDEAL

TREINO DO DIA

ANOTAÇÕES

_____
_____
_____
_____
_____
_____
_____

CONSUMO DIÁRIO DE ÁGUA COPOS

Treino Todo Santo Sia

DATA / /

DIA 127

Treine, ajuste a sua alimentação, beba bastante água e depois faça o que você quiser.

5 pilares da saúde
- TREINO DE QUALIDADE
- ALIMENTAÇÃO SAUDÁVEL
- COMPORTAMENTOS ADEQUADOS
- SONO REGENERATIVO
- RESPIRAÇÃO IDEAL

ANOTAÇÕES
_____
_____
_____
_____
_____
_____
_____
_____
_____

CONSUMO DIÁRIO DE ÁGUA COPOS

Sérgio Bertoluci

DIA 128

/ / **DATA**

Se você já emagreceu, é importante ajudar alguém a emagrecer também. Se você desenvolveu músculos, precisa fortalecer outra pessoa.

5 pilares da saúde

- TREINO DE QUALIDADE
- ALIMENTAÇÃO SAUDÁVEL
- COMPORTAMENTOS ADEQUADOS
- SONO REGENERATIVO
- RESPIRAÇÃO IDEAL

TREINO DO DIA

ANOTAÇÕES

_____
_____
_____
_____
_____
_____
_____
_____
_____
_____

CONSUMO DIÁRIO DE ÁGUA — COPOS

DATA / /

DIA 129

A sua barriga é o seu segundo rosto.

5 pilares da saúde
- [ ] TREINO DE QUALIDADE
- [ ] ALIMENTAÇÃO SAUDÁVEL
- [ ] COMPORTAMENTOS ADEQUADOS
- [ ] SONO REGENERATIVO
- [ ] RESPIRAÇÃO IDEAL

TREINO DO DIA

ANOTAÇÕES
_____
_____
_____
_____
_____
_____
_____
_____
_____
_____
_____
_____

CONSUMO DIÁRIO DE ÁGUA — COPOS

Sérgio Bertoluci

DIA 130

/ / **DATA**

Os treinos só funcionam para quem treina de verdade.

5 pilares da saúde

- TREINO DE QUALIDADE ☐
- ALIMENTAÇÃO SAUDÁVEL ☐
- COMPORTAMENTOS ADEQUADOS ☐
- SONO REGENERATIVO ☐
- RESPIRAÇÃO IDEAL ☐

TREINO DO DIA

ANOTAÇÕES

_____
_____
_____
_____
_____
_____
_____
_____

CONSUMO DIÁRIO DE ÁGUA — COPOS

DATA / /

DIA 131

Depois de começar, o mais difícil é continuar.

5 pilares da saúde
- [ ] TREINO DE QUALIDADE
- [ ] ALIMENTAÇÃO SAUDÁVEL
- [ ] COMPORTAMENTOS ADEQUADOS
- [ ] SONO REGENERATIVO
- [ ] RESPIRAÇÃO IDEAL

ANOTAÇÕES

_____
_____
_____
_____
_____
_____
_____
_____
_____
_____

CONSUMO DIÁRIO DE ÁGUA — COPOS

Sérgio Bertoluci

DIA 132

/ / **DATA**

O seu corpo expressa o que você faz, fala e sente.

5 pilares da saúde

- TREINO DE QUALIDADE ☐
- ALIMENTAÇÃO SAUDÁVEL ☐
- COMPORTAMENTOS ADEQUADOS ☐
- SONO REGENERATIVO ☐
- RESPIRAÇÃO IDEAL ☐

TREINO DO DIA

ANOTAÇÕES

_____
_____
_____
_____
_____
_____
_____
_____

CONSUMO DIÁRIO DE ÁGUA COPOS

DATA / /

DIA 133

Até o corpo mais sarado tem algo para melhorar.

5 pilares da saúde
- [ ] TREINO DE QUALIDADE
- [ ] ALIMENTAÇÃO SAUDÁVEL
- [ ] COMPORTAMENTOS ADEQUADOS
- [ ] SONO REGENERATIVO
- [ ] RESPIRAÇÃO IDEAL

TREINO DO DIA

ANOTAÇÕES
_____
_____
_____
_____
_____
_____
_____
_____
_____

CONSUMO DIÁRIO DE ÁGUA COPOS

Sérgio Bertoluci

DIA 134

/ / **DATA**

Por pior que esteja, agradeça pelo que tem e sempre dê o seu melhor.

5 pilares da saúde

- TREINO DE QUALIDADE ☐
- ALIMENTAÇÃO SAUDÁVEL ☐
- COMPORTAMENTOS ADEQUADOS ☐
- SONO REGENERATIVO ☐
- RESPIRAÇÃO IDEAL ☐

TREINO DO DIA

ANOTAÇÕES

_____
_____
_____
_____
_____
_____
_____

CONSUMO DIÁRIO DE ÁGUA COPOS

DATA / /

DIA 135

Quando temos saúde, energia e disposição, qualquer obstáculo pode ser superado.

TREINO DO DIA

5 pilares da saúde
- TREINO DE QUALIDADE
- ALIMENTAÇÃO SAUDÁVEL
- COMPORTAMENTOS ADEQUADOS
- SONO REGENERATIVO
- RESPIRAÇÃO IDEAL

ANOTAÇÕES

_____
_____
_____
_____
_____
_____
_____
_____
_____

CONSUMO DIÁRIO DE ÁGUA COPOS

Sérgio Bertoluci

DIA
136

/ / DATA

Seu futuro pode ser diferente do seu passado e do seu presente.

5 pilares da saúde

- TREINO DE QUALIDADE ☐
- ALIMENTAÇÃO SAUDÁVEL ☐
- COMPORTAMENTOS ADEQUADOS ☐
- SONO REGENERATIVO ☐
- RESPIRAÇÃO IDEAL ☐

TREINO DO DIA

ANOTAÇÕES

_____
_____
_____
_____
_____
_____
_____

CONSUMO DIÁRIO DE ÁGUA COPOS

_____
_____
_____
_____

152 Treino Todo Santo Sia

DATA / /

DIA 137

Faça tudo com o modo 110% ativado, ou então nem faça.

TREINO DO DIA

5 pilares da saúde
- TREINO DE QUALIDADE
- ALIMENTAÇÃO SAUDÁVEL
- COMPORTAMENTOS ADEQUADOS
- SONO REGENERATIVO
- RESPIRAÇÃO IDEAL

ANOTAÇÕES

_____
_____
_____
_____
_____
_____
_____
_____
_____
_____

CONSUMO DIÁRIO DE ÁGUA COPOS

DIA 138

/ / **DATA**

Independentemente de como você esteja, sempre é possível se tornar melhor.

5 pilares da saúde

- TREINO DE QUALIDADE
- ALIMENTAÇÃO SAUDÁVEL
- COMPORTAMENTOS ADEQUADOS
- SONO REGENERATIVO
- RESPIRAÇÃO IDEAL

TREINO DO DIA

ANOTAÇÕES

_____
_____
_____
_____
_____
_____
_____
_____

CONSUMO DIÁRIO DE ÁGUA — COPOS

DATA / /

DIA 139

Cada pessoa tem um passado que molda seu presente, mas o futuro está sempre aberto para transformações positivas.

TREINO DO DIA

5 pilares da saúde
- [ ] TREINO DE QUALIDADE
- [ ] ALIMENTAÇÃO SAUDÁVEL
- [ ] COMPORTAMENTOS ADEQUADOS
- [ ] SONO REGENERATIVO
- [ ] RESPIRAÇÃO IDEAL

ANOTAÇÕES

_____
_____
_____
_____
_____
_____
_____
_____
_____
_____

CONSUMO DIÁRIO DE ÁGUA COPOS

DIA 140

/ / **DATA**

Eu sou meu próprio treinador.
Eu me treino Todo Santo Dia.

5 pilares da saúde

- [ ] TREINO DE QUALIDADE
- [ ] ALIMENTAÇÃO SAUDÁVEL
- [ ] COMPORTAMENTOS ADEQUADOS
- [ ] SONO REGENERATIVO
- [ ] RESPIRAÇÃO IDEAL

TREINO DO DIA

ANOTAÇÕES

_____
_____
_____
_____
_____
_____
_____

CONSUMO DIÁRIO DE ÁGUA COPOS

156 Treino Todo Santo Sia

DATA / /

DIA 141

Faça como o relógio: divida seu dia em segundos, minutos e horas, e segue firme.

5 pilares da saúde
- [ ] TREINO DE QUALIDADE
- [ ] ALIMENTAÇÃO SAUDÁVEL
- [ ] COMPORTAMENTOS ADEQUADOS
- [ ] SONO REGENERATIVO
- [ ] RESPIRAÇÃO IDEAL

ANOTAÇÕES
_____
_____
_____
_____
_____
_____
_____
_____
_____

CONSUMO DIÁRIO DE ÁGUA COPOS

Sérgio Bertoluci

DIA 142

/ / **DATA**

O seu corpo vai promove-lo, ajudando-o a ganhar mais e alcançar mais sucesso, levando-o para outro nível.

5 pilares da saúde

- TREINO DE QUALIDADE
- ALIMENTAÇÃO SAUDÁVEL
- COMPORTAMENTOS ADEQUADOS
- SONO REGENERATIVO
- RESPIRAÇÃO IDEAL

TREINO DO DIA

ANOTAÇÕES

CONSUMO DIÁRIO DE ÁGUA — COPOS

DATA / /

DIA 143

O desejo de se movimentar deve superar o medo de treinar.

TREINO DO DIA

5 pilares da saúde
- TREINO DE QUALIDADE
- ALIMENTAÇÃO SAUDÁVEL
- COMPORTAMENTOS ADEQUADOS
- SONO REGENERATIVO
- RESPIRAÇÃO IDEAL

ANOTAÇÕES

_____
_____
_____
_____
_____
_____
_____
_____
_____
_____

CONSUMO DIÁRIO DE ÁGUA COPOS

Sérgio Bertoluci

DIA 144

/ / **DATA**

Você não pode treinar com as mãos nos bolsos. Dê o seu melhor.

5 pilares da saúde
- TREINO DE QUALIDADE ☐
- ALIMENTAÇÃO SAUDÁVEL ☐
- COMPORTAMENTOS ADEQUADOS ☐
- SONO REGENERATIVO ☐
- RESPIRAÇÃO IDEAL ☐

TREINO DO DIA

ANOTAÇÕES
_____
_____
_____
_____
_____
_____
_____

CONSUMO DIÁRIO DE ÁGUA COPOS
_____
_____
_____
_____

Treino Todo Santo Sia

DATA / /

DIA 145

A melhor maneira de conquistar mais saúde é aproveitar o processo.

5 pilares da saúde
- [ ] TREINO DE QUALIDADE
- [ ] ALIMENTAÇÃO SAUDÁVEL
- [ ] COMPORTAMENTOS ADEQUADOS
- [ ] SONO REGENERATIVO
- [ ] RESPIRAÇÃO IDEAL

ANOTAÇÕES

_____
_____
_____
_____
_____
_____
_____
_____
_____
_____
_____

CONSUMO DIÁRIO DE ÁGUA — COPOS

Sérgio Bertoluci

DIA 146

/ / **DATA**

Quem é reconhecido pelo que faz em público fez durante muito tempo sozinho.

5 pilares da saúde
- TREINO DE QUALIDADE
- ALIMENTAÇÃO SAUDÁVEL
- COMPORTAMENTOS ADEQUADOS
- SONO REGENERATIVO
- RESPIRAÇÃO IDEAL

TREINO DO DIA

ANOTAÇÕES
_____
_____
_____
_____
_____
_____
_____

CONSUMO DIÁRIO DE ÁGUA COPOS

DATA / /

DIA 147

Sucesso não é vencer sempre. É continuar tentando, apesar das derrotas.

5 pilares da saúde
- TREINO DE QUALIDADE
- ALIMENTAÇÃO SAUDÁVEL
- COMPORTAMENTOS ADEQUADOS
- SONO REGENERATIVO
- RESPIRAÇÃO IDEAL

ANOTAÇÕES
_____
_____
_____
_____
_____
_____
_____
_____
_____
_____
_____

CONSUMO DIÁRIO DE ÁGUA COPOS

Sérgio Bertoluci

DIA 148

___/___/___ **DATA**

Nem sempre a gente ganha: a derrota faz parte do processo da vitória.

5 pilares da saúde

- TREINO DE QUALIDADE ☐
- ALIMENTAÇÃO SAUDÁVEL ☐
- COMPORTAMENTOS ADEQUADOS ☐
- SONO REGENERATIVO ☐
- RESPIRAÇÃO IDEAL ☐

TREINO DO DIA (QR Code)

ANOTAÇÕES

_____
_____
_____
_____
_____
_____
_____

CONSUMO DIÁRIO DE ÁGUA — COPOS

DATA / /

DIA 149

A constância é mais importante do que a velocidade.

TREINO DO DIA

5 pilares da saúde
- [ ] TREINO DE QUALIDADE
- [ ] ALIMENTAÇÃO SAUDÁVEL
- [ ] COMPORTAMENTOS ADEQUADOS
- [ ] SONO REGENERATIVO
- [ ] RESPIRAÇÃO IDEAL

ANOTAÇÕES
_____
_____
_____
_____
_____
_____
_____
_____
_____
_____

CONSUMO DIÁRIO DE ÁGUA COPOS

Sérgio Bertoluci

DIA 150

/ / DATA

Você não é o que dizem ou o que pensam. São os seus resultados que determinam quem você é.

5 pilares da saúde

- TREINO DE QUALIDADE ☐
- ALIMENTAÇÃO SAUDÁVEL ☐
- COMPORTAMENTOS ADEQUADOS ☐
- SONO REGENERATIVO ☐
- RESPIRAÇÃO IDEAL ☐

TREINO DO DIA

ANOTAÇÕES

_____
_____
_____
_____
_____
_____
_____

CONSUMO DIÁRIO DE ÁGUA — COPOS

DATA / /

DIA 151

O corpo que você almeja está nos comportamentos que você precisa ter *Todo Santo Dia*.

TREINO DO DIA

5 pilares da saúde
- TREINO DE QUALIDADE
- ALIMENTAÇÃO SAUDÁVEL
- COMPORTAMENTOS ADEQUADOS
- SONO REGENERATIVO
- RESPIRAÇÃO IDEAL

ANOTAÇÕES
_____
_____
_____
_____
_____
_____
_____
_____
_____
_____

CONSUMO DIÁRIO DE ÁGUA — COPOS

Sérgio Bertoluci

DIA
152

/ / **DATA**

Treinar *Todo Santo Dia* desenvolve coragem, confiança, foco, determinação, superação e disciplina.

5 pilares da saúde

- TREINO DE QUALIDADE
- ALIMENTAÇÃO SAUDÁVEL
- COMPORTAMENTOS ADEQUADOS
- SONO REGENERATIVO
- RESPIRAÇÃO IDEAL

TREINO DO DIA

ANOTAÇÕES

_____
_____
_____
_____
_____
_____
_____
_____
_____
_____
_____
_____
_____
_____

CONSUMO DIÁRIO DE ÁGUA COPOS

Treino Todo Santo Sia

DATA / /

DIA 153

O seu tempo é limitado, então não desperdice treinando de qualquer jeito.

TREINO DO DIA

5 pilares da saúde
- [ ] TREINO DE QUALIDADE
- [ ] ALIMENTAÇÃO SAUDÁVEL
- [ ] COMPORTAMENTOS ADEQUADOS
- [ ] SONO REGENERATIVO
- [ ] RESPIRAÇÃO IDEAL

ANOTAÇÕES
_____
_____
_____
_____
_____
_____
_____
_____
_____

CONSUMO DIÁRIO DE ÁGUA — COPOS

Sérgio Bertoluci

DIA 154

/ / **DATA**

Sei que às vezes tudo parece conspirar contra, mas os aviões decolam contra o vento, não a favor dele.

5 pilares da saúde

- TREINO DE QUALIDADE ☐
- ALIMENTAÇÃO SAUDÁVEL ☐
- COMPORTAMENTOS ADEQUADOS ☐
- SONO REGENERATIVO ☐
- RESPIRAÇÃO IDEAL ☐

TREINO DO DIA

ANOTAÇÕES

_____
_____
_____
_____
_____
_____
_____
_____

CONSUMO DIÁRIO DE ÁGUA — COPOS

DATA / /

DIA 155

O efeito platô é uma queda lenta. Permanecer nele pode ser desanimador para qualquer pessoa. Saia do platô antes que desista.

TREINO DO DIA

5 pilares da saúde
- TREINO DE QUALIDADE
- ALIMENTAÇÃO SAUDÁVEL
- COMPORTAMENTOS ADEQUADOS
- SONO REGENERATIVO
- RESPIRAÇÃO IDEAL

ANOTAÇÕES
_____
_____
_____
_____
_____
_____
_____
_____
_____

CONSUMO DIÁRIO DE ÁGUA COPOS

Sérgio Bertoluci

DIA 156

/ / **DATA**

A sua felicidade não depende de como você está agora, mas sim do que você está fazendo para alcançá-la.

5 pilares da saúde

- TREINO DE QUALIDADE
- ALIMENTAÇÃO SAUDÁVEL
- COMPORTAMENTOS ADEQUADOS
- SONO REGENERATIVO
- RESPIRAÇÃO IDEAL

TREINO DO DIA

ANOTAÇÕES

_____
_____
_____
_____
_____
_____
_____

CONSUMO DIÁRIO DE ÁGUA COPOS

DATA / /

DIA 157

Não são os de genética boa que são os mais sarados, são os que se dedicam mais.

5 pilares da saúde
- TREINO DE QUALIDADE
- ALIMENTAÇÃO SAUDÁVEL
- COMPORTAMENTOS ADEQUADOS
- SONO REGENERATIVO
- RESPIRAÇÃO IDEAL

ANOTAÇÕES
_____
_____
_____
_____
_____
_____
_____
_____
_____
_____

CONSUMO DIÁRIO DE ÁGUA COPOS

Sérgio Bertoluci

DIA 158

/ / **DATA**

Você precisa acreditar que vai conseguir o corpo e a saúde que tanto quer, mesmo antes de conquistá-los.

5 pilares da saúde

- TREINO DE QUALIDADE ☐
- ALIMENTAÇÃO SAUDÁVEL ☐
- COMPORTAMENTOS ADEQUADOS ☐
- SONO REGENERATIVO ☐
- RESPIRAÇÃO IDEAL ☐

TREINO DO DIA

ANOTAÇÕES

_____
_____
_____
_____
_____
_____
_____
_____

CONSUMO DIÁRIO DE ÁGUA — COPOS

DATA / /

DIA 159

Você precisa agir como se fosse possível transformar o seu corpo e também o corpo das pessoas ao seu redor.

TREINO DO DIA

5 pilares da saúde
- TREINO DE QUALIDADE
- ALIMENTAÇÃO SAUDÁVEL
- COMPORTAMENTOS ADEQUADOS
- SONO REGENERATIVO
- RESPIRAÇÃO IDEAL

ANOTAÇÕES

CONSUMO DIÁRIO DE ÁGUA COPOS

Sérgio Bertoluci

DIA 160

/ / **DATA**

Disparar a queima de gordura e acelerar o seu metabolismo começa fora da sua zona de conforto.

5 pilares da saúde

- TREINO DE QUALIDADE ☐
- ALIMENTAÇÃO SAUDÁVEL ☐
- COMPORTAMENTOS ADEQUADOS ☐
- SONO REGENERATIVO ☐
- RESPIRAÇÃO IDEAL ☐

TREINO DO DIA

ANOTAÇÕES

_____
_____
_____
_____
_____
_____
_____
_____

CONSUMO DIÁRIO DE ÁGUA COPOS

176 Treino Todo Santo Sia

DATA / /

DIA 161

É melhor treinar menos, com mais intensidade e render mais, do que treinar mais, moderado e render menos.

TREINO DO DIA

5 pilares da saúde
- TREINO DE QUALIDADE
- ALIMENTAÇÃO SAUDÁVEL
- COMPORTAMENTOS ADEQUADOS
- SONO REGENERATIVO
- RESPIRAÇÃO IDEAL

ANOTAÇÕES

_____
_____
_____
_____
_____
_____
_____
_____
_____
_____

CONSUMO DIÁRIO DE ÁGUA COPOS

Sérgio Bertoluci

DIA 162

/ / DATA

O primeiro passo para alcançar o corpo e a saúde ideal é quando você se recusa a ser prisioneiro desse corpo que te desagrada.

5 pilares da saúde

- TREINO DE QUALIDADE ☐
- ALIMENTAÇÃO SAUDÁVEL ☐
- COMPORTAMENTOS ADEQUADOS ☐
- SONO REGENERATIVO ☐
- RESPIRAÇÃO IDEAL ☐

TREINO DO DIA

ANOTAÇÕES

_____
_____
_____
_____
_____
_____
_____
_____
_____
_____
_____

CONSUMO DIÁRIO DE ÁGUA — COPOS

DATA / /

DIA 163

Para o treino ser *Todo Santo Dia*, é preciso aprender a gostar do que faz, de como faz e de si mesmo.

5 pilares da saúde

- [ ] TREINO DE QUALIDADE
- [ ] ALIMENTAÇÃO SAUDÁVEL
- [ ] COMPORTAMENTOS ADEQUADOS
- [ ] SONO REGENERATIVO
- [ ] RESPIRAÇÃO IDEAL

ANOTAÇÕES

_____
_____
_____
_____
_____
_____
_____
_____
_____
_____

CONSUMO DIÁRIO DE ÁGUA COPOS

Sérgio Bertoluci

DIA 164

/ / **DATA**

A sua barriga é o resultado de pequenos esforços *Todo Santo Dia*.

5 pilares da saúde

- TREINO DE QUALIDADE
- ALIMENTAÇÃO SAUDÁVEL
- COMPORTAMENTOS ADEQUADOS
- SONO REGENERATIVO
- RESPIRAÇÃO IDEAL

TREINO DO DIA

ANOTAÇÕES

_____
_____
_____
_____
_____
_____
_____
_____

CONSUMO DIÁRIO DE ÁGUA COPOS

DATA / /

DIA 165

Quando você pula etapas, a queda é esperada. Comece devagar e vai evoluindo aos poucos.

5 pilares da saúde
- [ ] TREINO DE QUALIDADE
- [ ] ALIMENTAÇÃO SAUDÁVEL
- [ ] COMPORTAMENTOS ADEQUADOS
- [ ] SONO REGENERATIVO
- [ ] RESPIRAÇÃO IDEAL

ANOTAÇÕES
_____
_____
_____
_____
_____
_____
_____
_____
_____
_____
_____

CONSUMO DIÁRIO DE ÁGUA — COPOS

Sérgio Bertoluci

DIA 166

/ / **DATA**

Toda conquista começa com um desejo ardente. O que queima no seu coração gera atração.

5 pilares da saúde

- TREINO DE QUALIDADE
- ALIMENTAÇÃO SAUDÁVEL
- COMPORTAMENTOS ADEQUADOS
- SONO REGENERATIVO
- RESPIRAÇÃO IDEAL

TREINO DO DIA

ANOTAÇÕES

_____
_____
_____
_____
_____
_____
_____
_____

CONSUMO DIÁRIO DE ÁGUA — COPOS

DATA / /

DIA 167

Quanto mais eu treino, melhor dizem que é a minha genética.

TREINO DO DIA

5 pilares da saúde
- TREINO DE QUALIDADE
- ALIMENTAÇÃO SAUDÁVEL
- COMPORTAMENTOS ADEQUADOS
- SONO REGENERATIVO
- RESPIRAÇÃO IDEAL

ANOTAÇÕES

_____
_____
_____
_____
_____
_____
_____
_____
_____
_____

CONSUMO DIÁRIO DE ÁGUA COPOS

DIA 168

/ / **DATA**

Músculos não aparecem do nada, é você quem os constrói *Todo Santo Dia*.

5 pilares da saúde

- TREINO DE QUALIDADE ☐
- ALIMENTAÇÃO SAUDÁVEL ☐
- COMPORTAMENTOS ADEQUADOS ☐
- SONO REGENERATIVO ☐
- RESPIRAÇÃO IDEAL ☐

TREINO DO DIA

ANOTAÇÕES

_____
_____
_____
_____
_____
_____
_____

CONSUMO DIÁRIO DE ÁGUA — COPOS

_____
_____
_____
_____

184 Treino Todo Santo Sia

DATA / /

DIA 169

Se você quer trincar o abdômen, pare de pedir permissão.

TREINO DO DIA

5 pilares da saúde
- [ ] TREINO DE QUALIDADE
- [ ] ALIMENTAÇÃO SAUDÁVEL
- [ ] COMPORTAMENTOS ADEQUADOS
- [ ] SONO REGENERATIVO
- [ ] RESPIRAÇÃO IDEAL

ANOTAÇÕES
_____
_____
_____
_____
_____
_____
_____
_____
_____
_____

CONSUMO DIÁRIO DE ÁGUA COPOS

Sérgio Bertoluci

DIA 170

/ / **DATA**

Um corpo sarado não é só para ser alcançado, é para ser sustentado.

5 pilares da saúde

- TREINO DE QUALIDADE
- ALIMENTAÇÃO SAUDÁVEL
- COMPORTAMENTOS ADEQUADOS
- SONO REGENERATIVO
- RESPIRAÇÃO IDEAL

TREINO DO DIA

ANOTAÇÕES

_____
_____
_____
_____
_____
_____
_____
_____

CONSUMO DIÁRIO DE ÁGUA — COPOS

DATA / /

DIA 171

Vamos preparar o corpo hoje e tornar nossos sonhos realidade amanhã.

TREINO DO DIA

5 pilares da saúde
- [ ] TREINO DE QUALIDADE
- [ ] ALIMENTAÇÃO SAUDÁVEL
- [ ] COMPORTAMENTOS ADEQUADOS
- [ ] SONO REGENERATIVO
- [ ] RESPIRAÇÃO IDEAL

ANOTAÇÕES
_____
_____
_____
_____
_____
_____
_____
_____
_____
_____

CONSUMO DIÁRIO DE ÁGUA COPOS

DIA 172

/ / **DATA**

Os melhores resultados vêm para pessoas que são especialistas em repetição.

5 pilares da saúde

- TREINO DE QUALIDADE
- ALIMENTAÇÃO SAUDÁVEL
- COMPORTAMENTOS ADEQUADOS
- SONO REGENERATIVO
- RESPIRAÇÃO IDEAL

TREINO DO DIA

ANOTAÇÕES

_____
_____
_____
_____
_____
_____
_____

CONSUMO DIÁRIO DE ÁGUA COPOS

DATA / /

DIA 173

Você não nasce com um corpo sarado, você cria.

TREINO DO DIA

5 pilares da saúde
- [ ] TREINO DE QUALIDADE
- [ ] ALIMENTAÇÃO SAUDÁVEL
- [ ] COMPORTAMENTOS ADEQUADOS
- [ ] SONO REGENERATIVO
- [ ] RESPIRAÇÃO IDEAL

ANOTAÇÕES
_____
_____
_____
_____
_____
_____
_____
_____
_____
_____
_____
_____

CONSUMO DIÁRIO DE ÁGUA COPOS

Sérgio Bertoluci

DIA 174

/ / **DATA**

Ter um abdômen trincado não é definitivo, ter uma barriga grande e flácida não é fatal. A coragem de melhorar é o que importa.

5 pilares da saúde

- [ ] TREINO DE QUALIDADE
- [ ] ALIMENTAÇÃO SAUDÁVEL
- [ ] COMPORTAMENTOS ADEQUADOS
- [ ] SONO REGENERATIVO
- [ ] RESPIRAÇÃO IDEAL

TREINO DO DIA

ANOTAÇÕES

_____
_____
_____
_____
_____
_____
_____
_____

CONSUMO DIÁRIO DE ÁGUA COPOS

DATA / /

DIA 175

Existem coisas que eu não posso mudar, mas as que eu posso, eu mudo.

TREINO DO DIA

5 pilares da saúde
- [ ] TREINO DE QUALIDADE
- [ ] ALIMENTAÇÃO SAUDÁVEL
- [ ] COMPORTAMENTOS ADEQUADOS
- [ ] SONO REGENERATIVO
- [ ] RESPIRAÇÃO IDEAL

ANOTAÇÕES
_____
_____
_____
_____
_____
_____
_____
_____
_____
_____

CONSUMO DIÁRIO DE ÁGUA COPOS

DIA 176

/ / **DATA**

Você escolhe: a dor da disciplina hoje ou a dor do arrependimento amanhã.

5 pilares da saúde

- TREINO DE QUALIDADE
- ALIMENTAÇÃO SAUDÁVEL
- COMPORTAMENTOS ADEQUADOS
- SONO REGENERATIVO
- RESPIRAÇÃO IDEAL

TREINO DO DIA

ANOTAÇÕES

_____
_____
_____
_____
_____
_____
_____

CONSUMO DIÁRIO DE ÁGUA COPOS

DATA / /

DIA 177

Aprenda a amar o seu corpo e a sua saúde; estes são os maiores presentes que você já recebeu.

5 pilares da saúde
- [ ] TREINO DE QUALIDADE
- [ ] ALIMENTAÇÃO SAUDÁVEL
- [ ] COMPORTAMENTOS ADEQUADOS
- [ ] SONO REGENERATIVO
- [ ] RESPIRAÇÃO IDEAL

TREINO DO DIA

ANOTAÇÕES
_____
_____
_____
_____
_____
_____
_____
_____
_____

CONSUMO DIÁRIO DE ÁGUA — COPOS

Sérgio Bertoluci

DIA 178

/ / **DATA**

Inteligência comportamental é a capacidade de se adaptar ao novo para alcançar o resultado desejado.

5 pilares da saúde

- [ ] TREINO DE QUALIDADE
- [ ] ALIMENTAÇÃO SAUDÁVEL
- [ ] COMPORTAMENTOS ADEQUADOS
- [ ] SONO REGENERATIVO
- [ ] RESPIRAÇÃO IDEAL

TREINO DO DIA

ANOTAÇÕES

_____
_____
_____
_____
_____
_____
_____
_____
_____
_____

CONSUMO DIÁRIO DE ÁGUA COPOS

DATA / /

DIA 179

O impossível é dividido em pequenas partes possíveis.

5 pilares da saúde
- [ ] TREINO DE QUALIDADE
- [ ] ALIMENTAÇÃO SAUDÁVEL
- [ ] COMPORTAMENTOS ADEQUADOS
- [ ] SONO REGENERATIVO
- [ ] RESPIRAÇÃO IDEAL

TREINO DO DIA

ANOTAÇÕES

_____
_____
_____
_____
_____
_____
_____
_____
_____

CONSUMO DIÁRIO DE ÁGUA — COPOS

DIA
180

/ / **DATA**

Treinar *Todo Santo Dia* salva vidas, famílias, empresas, empregos, negócios e relacionamentos.

5 pilares da saúde
- TREINO DE QUALIDADE ☐
- ALIMENTAÇÃO SAUDÁVEL ☐
- COMPORTAMENTOS ADEQUADOS ☐
- SONO REGENERATIVO ☐
- RESPIRAÇÃO IDEAL ☐

TREINO DO DIA

ANOTAÇÕES

CONSUMO DIÁRIO DE ÁGUA — COPOS

DATA / /

DIA 181

Todo Santo Dia você escreve um capítulo da sua vida: decide entre uma história saudável ou não.

TREINO DO DIA

5 pilares da saúde
- [ ] TREINO DE QUALIDADE
- [ ] ALIMENTAÇÃO SAUDÁVEL
- [ ] COMPORTAMENTOS ADEQUADOS
- [ ] SONO REGENERATIVO
- [ ] RESPIRAÇÃO IDEAL

ANOTAÇÕES
_____
_____
_____
_____
_____
_____
_____
_____
_____

CONSUMO DIÁRIO DE ÁGUA — COPOS

DIA 182

/ / DATA

Atreva-se a viver com muita saúde, energia e disposição. Pague o preço.

5 pilares da saúde

- TREINO DE QUALIDADE
- ALIMENTAÇÃO SAUDÁVEL
- COMPORTAMENTOS ADEQUADOS
- SONO REGENERATIVO
- RESPIRAÇÃO IDEAL

TREINO DO DIA

ANOTAÇÕES

CONSUMO DIÁRIO DE ÁGUA
COPOS

DATA / /

DIA 183

Com o alinhamento de corpo, mente e espírito, você tem a chance de reinar sobre a Terra.

5 pilares da saúde
- [ ] TREINO DE QUALIDADE
- [ ] ALIMENTAÇÃO SAUDÁVEL
- [ ] COMPORTAMENTOS ADEQUADOS
- [ ] SONO REGENERATIVO
- [ ] RESPIRAÇÃO IDEAL

ANOTAÇÕES
_____
_____
_____
_____
_____
_____
_____
_____
_____

CONSUMO DIÁRIO DE ÁGUA COPOS

DIA 184

/ / **DATA**

O dia parece ter mais horas para quem tem mais energia.

5 pilares da saúde

- TREINO DE QUALIDADE
- ALIMENTAÇÃO SAUDÁVEL
- COMPORTAMENTOS ADEQUADOS
- SONO REGENERATIVO
- RESPIRAÇÃO IDEAL

TREINO DO DIA

ANOTAÇÕES

_____
_____
_____
_____
_____
_____
_____

CONSUMO DIÁRIO DE ÁGUA — COPOS

_____
_____
_____
_____
_____

200 — Treino Todo Santo Sia

DATA / /

DIA 185

Suar faz bem e é necessário. Existem coisas que só o suor resolve.

TREINO DO DIA

5 pilares da saúde
- [ ] TREINO DE QUALIDADE
- [ ] ALIMENTAÇÃO SAUDÁVEL
- [ ] COMPORTAMENTOS ADEQUADOS
- [ ] SONO REGENERATIVO
- [ ] RESPIRAÇÃO IDEAL

ANOTAÇÕES

CONSUMO DIÁRIO DE ÁGUA COPOS

Sérgio Bertoluci

DIA 186

/ / **DATA**

O corpo que você vê na sua mente é o corpo que vai ter.

5 pilares da saúde

- [ ] TREINO DE QUALIDADE
- [ ] ALIMENTAÇÃO SAUDÁVEL
- [ ] COMPORTAMENTOS ADEQUADOS
- [ ] SONO REGENERATIVO
- [ ] RESPIRAÇÃO IDEAL

TREINO DO DIA

ANOTAÇÕES

_____
_____
_____
_____
_____
_____
_____

CONSUMO DIÁRIO DE ÁGUA — COPOS

Treino Todo Santo Sia

DATA / /

DIA 187

Não importa qual é o seu desejo de corpo ideal, apenas vai demorar mais ou demorar menos.

TREINO DO DIA

5 pilares da saúde
- TREINO DE QUALIDADE
- ALIMENTAÇÃO SAUDÁVEL
- COMPORTAMENTOS ADEQUADOS
- SONO REGENERATIVO
- RESPIRAÇÃO IDEAL

ANOTAÇÕES

CONSUMO DIÁRIO DE ÁGUA
COPOS

Sérgio Bertoluci

DIA 188

/ / **DATA**

> Transforme seu desejo em suor, seus pensamentos em ação e os resultados em obrigação.

5 pilares da saúde

- [ ] TREINO DE QUALIDADE
- [ ] ALIMENTAÇÃO SAUDÁVEL
- [ ] COMPORTAMENTOS ADEQUADOS
- [ ] SONO REGENERATIVO
- [ ] RESPIRAÇÃO IDEAL

TREINO DO DIA

ANOTAÇÕES

_____
_____
_____
_____
_____
_____
_____

CONSUMO DIÁRIO DE ÁGUA — COPOS

DATA / /

DIA 189

Gordura localizada é um problema para ser resolvido, não para ser aceito.

5 pilares da saúde
- [ ] TREINO DE QUALIDADE
- [ ] ALIMENTAÇÃO SAUDÁVEL
- [ ] COMPORTAMENTOS ADEQUADOS
- [ ] SONO REGENERATIVO
- [ ] RESPIRAÇÃO IDEAL

ANOTAÇÕES
_____
_____
_____
_____
_____
_____
_____
_____
_____
_____

CONSUMO DIÁRIO DE ÁGUA — COPOS

DIA 190

/ / **DATA**

Pare de dar desculpas e comece a dar resultados.

5 pilares da saúde
- [ ] TREINO DE QUALIDADE
- [ ] ALIMENTAÇÃO SAUDÁVEL
- [ ] COMPORTAMENTOS ADEQUADOS
- [ ] SONO REGENERATIVO
- [ ] RESPIRAÇÃO IDEAL

TREINO DO DIA

ANOTAÇÕES

___

CONSUMO DIÁRIO DE ÁGUA COPOS

Treino Todo Santo Sia

DATA / /

DIA 191

O corpo que você tanto quer perde para as recompensas a curto prazo que você inventa.

5 pilares da saúde

- [ ] TREINO DE QUALIDADE
- [ ] ALIMENTAÇÃO SAUDÁVEL
- [ ] COMPORTAMENTOS ADEQUADOS
- [ ] SONO REGENERATIVO
- [ ] RESPIRAÇÃO IDEAL

ANOTAÇÕES

_____
_____
_____
_____
_____
_____
_____
_____
_____

CONSUMO DIÁRIO DE ÁGUA — COPOS

Sérgio Bertoluci

DIA 192

/ / **DATA**

A sua saúde não tem preço, mas o processo custa caro. Faça a sua parte. Me ajude a te ajudar.

5 pilares da saúde

- TREINO DE QUALIDADE ☐
- ALIMENTAÇÃO SAUDÁVEL ☐
- COMPORTAMENTOS ADEQUADOS ☐
- SONO REGENERATIVO ☐
- RESPIRAÇÃO IDEAL ☐

TREINO DO DIA

ANOTAÇÕES

_____
_____
_____
_____
_____
_____
_____
_____

CONSUMO DIÁRIO DE ÁGUA / COPOS

Treino Todo Santo Sia

DATA / /

DIA 193

A sua vida reflete seus comportamentos.

5 pilares da saúde
- [ ] TREINO DE QUALIDADE
- [ ] ALIMENTAÇÃO SAUDÁVEL
- [ ] COMPORTAMENTOS ADEQUADOS
- [ ] SONO REGENERATIVO
- [ ] RESPIRAÇÃO IDEAL

ANOTAÇÕES
_____
_____
_____
_____
_____
_____
_____
_____
_____

CONSUMO DIÁRIO DE ÁGUA — COPOS

DIA 194

DATA / /

Correr, saltar, puxar, empurrar, pendurar, dançar, jogar e treinar. Qual desses você não está fazendo?

5 pilares da saúde

- [ ] TREINO DE QUALIDADE
- [ ] ALIMENTAÇÃO SAUDÁVEL
- [ ] COMPORTAMENTOS ADEQUADOS
- [ ] SONO REGENERATIVO
- [ ] RESPIRAÇÃO IDEAL

TREINO DO DIA (QR Code)

ANOTAÇÕES

_____
_____
_____
_____
_____
_____
_____

CONSUMO DIÁRIO DE ÁGUA — COPOS

210 — Treino Todo Santo Sia

DATA / /

DIA 195

Só tem uma coisa que dura a vida toda: o poder da mudança. Se você tem a capacidade de mudar, por que não muda?

TREINO DO DIA

5 pilares da saúde
- TREINO DE QUALIDADE
- ALIMENTAÇÃO SAUDÁVEL
- COMPORTAMENTOS ADEQUADOS
- SONO REGENERATIVO
- RESPIRAÇÃO IDEAL

ANOTAÇÕES

_____
_____
_____
_____
_____
_____
_____
_____
_____
_____
_____

CONSUMO DIÁRIO DE ÁGUA — COPOS

Sérgio Bertoluci

DIA 196

/ / **DATA**

Você jamais terá o corpo desejado se não fizer o que precisa ser feito.

5 pilares da saúde

- TREINO DE QUALIDADE
- ALIMENTAÇÃO SAUDÁVEL
- COMPORTAMENTOS ADEQUADOS
- SONO REGENERATIVO
- RESPIRAÇÃO IDEAL

TREINO DO DIA

ANOTAÇÕES

CONSUMO DIÁRIO DE ÁGUA COPOS

DATA / /

DIA 197

Tentar é condição, acertar é repetição.

5 pilares da saúde
- [ ] TREINO DE QUALIDADE
- [ ] ALIMENTAÇÃO SAUDÁVEL
- [ ] COMPORTAMENTOS ADEQUADOS
- [ ] SONO REGENERATIVO
- [ ] RESPIRAÇÃO IDEAL

ANOTAÇÕES
_____
_____
_____
_____
_____
_____
_____
_____
_____

CONSUMO DIÁRIO DE ÁGUA — COPOS

DIA 198

/ / DATA

Ninguém compreende o que rejeita.
Em primeiro lugar, entenda: você é capaz.

5 pilares da saúde

- TREINO DE QUALIDADE ☐
- ALIMENTAÇÃO SAUDÁVEL ☐
- COMPORTAMENTOS ADEQUADOS ☐
- SONO REGENERATIVO ☐
- RESPIRAÇÃO IDEAL ☐

TREINO DO DIA

ANOTAÇÕES

_____
_____
_____
_____
_____
_____
_____

CONSUMO DIÁRIO DE ÁGUA COPOS

DATA / /

DIA 199

Se você plantar laranja, você vai colher laranja. Espere o tempo que precisar, mas a hora da colheita chegará. Quer emagrecer? Plante emagrecimento e espere.

5 pilares da saúde

- [ ] TREINO DE QUALIDADE
- [ ] ALIMENTAÇÃO SAUDÁVEL
- [ ] COMPORTAMENTOS ADEQUADOS
- [ ] SONO REGENERATIVO
- [ ] RESPIRAÇÃO IDEAL

ANOTAÇÕES

_____
_____
_____
_____
_____
_____
_____
_____
_____
_____

CONSUMO DIÁRIO DE ÁGUA — COPOS

Sérgio Bertoluci

DIA 200

/ / **DATA**

Atividade física frequente é inegociável, não negocie a sua vida.

5 pilares da saúde
- TREINO DE QUALIDADE ☐
- ALIMENTAÇÃO SAUDÁVEL ☐
- COMPORTAMENTOS ADEQUADOS ☐
- SONO REGENERATIVO ☐
- RESPIRAÇÃO IDEAL ☐

TREINO DO DIA

ANOTAÇÕES

_____
_____
_____
_____
_____
_____
_____
_____
_____
_____
_____
_____
_____

CONSUMO DIÁRIO DE ÁGUA — COPOS

216 Treino Todo Santo Sia

DATA / /

DIA 201

Você pode mudar o seu corpo independentemente do que te aconteceu antes.

5 pilares da saúde
- [ ] TREINO DE QUALIDADE
- [ ] ALIMENTAÇÃO SAUDÁVEL
- [ ] COMPORTAMENTOS ADEQUADOS
- [ ] SONO REGENERATIVO
- [ ] RESPIRAÇÃO IDEAL

TREINO DO DIA

ANOTAÇÕES
_____
_____
_____
_____
_____
_____
_____
_____
_____
_____

CONSUMO DIÁRIO DE ÁGUA — COPOS

Sérgio Bertoluci

DIA 202

/ / **DATA**

Seu estilo de vida molda o seu corpo.
Ajuste seu dia a dia e seu corpo vai mudar.

5 pilares da saúde

- TREINO DE QUALIDADE
- ALIMENTAÇÃO SAUDÁVEL
- COMPORTAMENTOS ADEQUADOS
- SONO REGENERATIVO
- RESPIRAÇÃO IDEAL

TREINO DO DIA

ANOTAÇÕES

_____
_____
_____
_____
_____
_____
_____

CONSUMO DIÁRIO DE ÁGUA — COPOS

Treino Todo Santo Sia

DATA / /

DIA 203

Continue treinando e não deixe que ninguém tire a sua vontade de treinar, por mais que te critiquem.

5 pilares da saúde
- [ ] TREINO DE QUALIDADE
- [ ] ALIMENTAÇÃO SAUDÁVEL
- [ ] COMPORTAMENTOS ADEQUADOS
- [ ] SONO REGENERATIVO
- [ ] RESPIRAÇÃO IDEAL

ANOTAÇÕES

_____
_____
_____
_____
_____
_____
_____
_____
_____
_____
_____

CONSUMO DIÁRIO DE ÁGUA — COPOS

Sérgio Bertoluci

DIA
204

/ / **DATA**

O lucro de treinar *Todo Santo Dia* é se tornar uma pessoa melhor e mais saudável.

5 pilares da saúde

- TREINO DE QUALIDADE ☐
- ALIMENTAÇÃO SAUDÁVEL ☐
- COMPORTAMENTOS ADEQUADOS ☐
- SONO REGENERATIVO ☐
- RESPIRAÇÃO IDEAL ☐

TREINO DO DIA

ANOTAÇÕES

_____
_____
_____
_____
_____
_____
_____

CONSUMO DIÁRIO DE ÁGUA — COPOS

DATA / /

DIA 205

A transformação do seu corpo é um processo, não um procedimento.

5 pilares da saúde
- TREINO DE QUALIDADE
- ALIMENTAÇÃO SAUDÁVEL
- COMPORTAMENTOS ADEQUADOS
- SONO REGENERATIVO
- RESPIRAÇÃO IDEAL

TREINO DO DIA

ANOTAÇÕES
_____
_____
_____
_____
_____
_____
_____
_____
_____

CONSUMO DIÁRIO DE ÁGUA COPOS

Sérgio Bertoluci

DIA 206

/ / DATA

O plano mais seguro para não adoecer é não depender da sorte. Quer ter saúde? Cuide-se.

5 pilares da saúde
- TREINO DE QUALIDADE ☐
- ALIMENTAÇÃO SAUDÁVEL ☐
- COMPORTAMENTOS ADEQUADOS ☐
- SONO REGENERATIVO ☐
- RESPIRAÇÃO IDEAL ☐

TREINO DO DIA

ANOTAÇÕES

_____
_____
_____
_____
_____
_____
_____
_____

CONSUMO DIÁRIO DE ÁGUA — COPOS

DATA / /

DIA 207

Você não escolhe o corpo que tem, mas determina o corpo que vai ter.

TREINO DO DIA

5 pilares da saúde
- [ ] TREINO DE QUALIDADE
- [ ] ALIMENTAÇÃO SAUDÁVEL
- [ ] COMPORTAMENTOS ADEQUADOS
- [ ] SONO REGENERATIVO
- [ ] RESPIRAÇÃO IDEAL

ANOTAÇÕES

_____
_____
_____
_____
_____
_____
_____
_____
_____
_____

CONSUMO DIÁRIO DE ÁGUA COPOS

Sérgio Bertoluci

DIA 208

/ / **DATA**

Treinar *Todo Santo Dia* mostra muito sobre a sua determinação.

5 pilares da saúde

- [ ] TREINO DE QUALIDADE
- [ ] ALIMENTAÇÃO SAUDÁVEL
- [ ] COMPORTAMENTOS ADEQUADOS
- [ ] SONO REGENERATIVO
- [ ] RESPIRAÇÃO IDEAL

TREINO DO DIA

ANOTAÇÕES

_____
_____
_____
_____
_____
_____
_____

CONSUMO DIÁRIO DE ÁGUA — COPOS

DATA / /

DIA 209

Você alcançará o corpo que deseja se dedicar *Todo Santo Dia* à sua construção. Construa-o direito.

5 pilares da saúde
- [ ] TREINO DE QUALIDADE
- [ ] ALIMENTAÇÃO SAUDÁVEL
- [ ] COMPORTAMENTOS ADEQUADOS
- [ ] SONO REGENERATIVO
- [ ] RESPIRAÇÃO IDEAL

TREINO DO DIA

ANOTAÇÕES

_____
_____
_____
_____
_____
_____
_____
_____
_____

CONSUMO DIÁRIO DE ÁGUA — COPOS

Sérgio Bertoluci

DIA 210

/ / **DATA**

Não existe ninguém que não precise de alguma ajuda. Como eu posso te ajudar?

5 pilares da saúde
- TREINO DE QUALIDADE ☐
- ALIMENTAÇÃO SAUDÁVEL ☐
- COMPORTAMENTOS ADEQUADOS ☐
- SONO REGENERATIVO ☐
- RESPIRAÇÃO IDEAL ☐

TREINO DO DIA

ANOTAÇÕES

_____
_____
_____
_____
_____
_____
_____

CONSUMO DIÁRIO DE ÁGUA COPOS

DATA / /

DIA 211

Ter uma saúde extraordinária desperta em nós capacidades que, quando não usadas, ficam adormecidas.

5 pilares da saúde
- TREINO DE QUALIDADE
- ALIMENTAÇÃO SAUDÁVEL
- COMPORTAMENTOS ADEQUADOS
- SONO REGENERATIVO
- RESPIRAÇÃO IDEAL

ANOTAÇÕES
_____
_____
_____
_____
_____
_____
_____
_____
_____
_____

CONSUMO DIÁRIO DE ÁGUA COPOS

Sérgio Bertoluci

DIA 212

/ / DATA

Se o corpo humano pode fazer, você também pode.

5 pilares da saúde
- TREINO DE QUALIDADE ☐
- ALIMENTAÇÃO SAUDÁVEL ☐
- COMPORTAMENTOS ADEQUADOS ☐
- SONO REGENERATIVO ☐
- RESPIRAÇÃO IDEAL ☐

TREINO DO DIA

ANOTAÇÕES

_____
_____
_____
_____
_____
_____
_____
_____
_____
_____
_____
_____

CONSUMO DIÁRIO DE ÁGUA COPOS

DATA / /

DIA 213

Dispare a queima de gordura *Todo Santo Dia* e tenha um abdômen trincado.

5 pilares da saúde
- [ ] TREINO DE QUALIDADE
- [ ] ALIMENTAÇÃO SAUDÁVEL
- [ ] COMPORTAMENTOS ADEQUADOS
- [ ] SONO REGENERATIVO
- [ ] RESPIRAÇÃO IDEAL

ANOTAÇÕES
_____
_____
_____
_____
_____
_____
_____
_____
_____
_____

CONSUMO DIÁRIO DE ÁGUA COPOS

Sérgio Bertoluci

DIA 214

/ / **DATA**

Quer trincar o abdômen? Treine pernas em alta intensidade.

5 pilares da saúde

- TREINO DE QUALIDADE
- ALIMENTAÇÃO SAUDÁVEL
- COMPORTAMENTOS ADEQUADOS
- SONO REGENERATIVO
- RESPIRAÇÃO IDEAL

TREINO DO DIA

ANOTAÇÕES

_____
_____
_____
_____
_____
_____
_____

CONSUMO DIÁRIO DE ÁGUA — COPOS

_____
_____
_____
_____
_____

Treino Todo Santo Sia

DATA / /

DIA 215

Você tem a capacidade de levar a vida que quer ter com o corpo e a saúde que deseja. *Vambora* se mexer!!!

TREINO DO DIA

5 pilares da saúde
- TREINO DE QUALIDADE
- ALIMENTAÇÃO SAUDÁVEL
- COMPORTAMENTOS ADEQUADOS
- SONO REGENERATIVO
- RESPIRAÇÃO IDEAL

ANOTAÇÕES

_____
_____
_____
_____
_____
_____
_____
_____
_____
_____
_____

CONSUMO DIÁRIO DE ÁGUA COPOS

Sérgio Bertoluci

DIA 216

/ / **DATA**

Sincronize a sua mente com o seu corpo e siga firme. Você chegará aonde quiser.

5 pilares da saúde

- TREINO DE QUALIDADE
- ALIMENTAÇÃO SAUDÁVEL
- COMPORTAMENTOS ADEQUADOS
- SONO REGENERATIVO
- RESPIRAÇÃO IDEAL

TREINO DO DIA

ANOTAÇÕES

_____
_____
_____
_____
_____
_____
_____
_____

CONSUMO DIÁRIO DE ÁGUA — COPOS

DATA / /

DIA 217

A vida não fica mais fácil ou mais difícil; nós é que nos tornamos mais fortes ou mais fracos.

5 pilares da saúde
- [ ] TREINO DE QUALIDADE
- [ ] ALIMENTAÇÃO SAUDÁVEL
- [ ] COMPORTAMENTOS ADEQUADOS
- [ ] SONO REGENERATIVO
- [ ] RESPIRAÇÃO IDEAL

TREINO DO DIA (QR Code)

ANOTAÇÕES
_____
_____
_____
_____
_____
_____
_____
_____

CONSUMO DIÁRIO DE ÁGUA — COPOS

Sérgio Bertoluci

DIA 218

/ / DATA

Você não precisa mudar, mas pode.
A qualquer momento. Só depende de você.

5 pilares da saúde
- TREINO DE QUALIDADE ☐
- ALIMENTAÇÃO SAUDÁVEL ☐
- COMPORTAMENTOS ADEQUADOS ☐
- SONO REGENERATIVO ☐
- RESPIRAÇÃO IDEAL ☐

TREINO DO DIA

ANOTAÇÕES

_____
_____
_____
_____
_____
_____
_____

CONSUMO DIÁRIO DE ÁGUA — COPOS

_____
_____
_____
_____
_____

234 Treino Todo Santo Sia

DATA / /

DIA 219

Jamais abandone o seu corpo.
Ele reflete quem você realmente é.

5 pilares da saúde
- [ ] TREINO DE QUALIDADE
- [ ] ALIMENTAÇÃO SAUDÁVEL
- [ ] COMPORTAMENTOS ADEQUADOS
- [ ] SONO REGENERATIVO
- [ ] RESPIRAÇÃO IDEAL

TREINO DO DIA

ANOTAÇÕES
_____
_____
_____
_____
_____
_____
_____
_____
_____

CONSUMO DIÁRIO DE ÁGUA — COPOS

Sérgio Bertoluci

DIA 220

DATA / /

Paciência é o que você precisa para saber esperar o resultado desejado do seu corpo e da sua saúde.

5 pilares da saúde

- [ ] TREINO DE QUALIDADE
- [ ] ALIMENTAÇÃO SAUDÁVEL
- [ ] COMPORTAMENTOS ADEQUADOS
- [ ] SONO REGENERATIVO
- [ ] RESPIRAÇÃO IDEAL

TREINO DO DIA

ANOTAÇÕES

_____
_____
_____
_____
_____
_____
_____
_____

CONSUMO DIÁRIO DE ÁGUA — COPOS

DATA / /

DIA 221

Da próxima vez que for treinar, considere-se sortudo: é aí que surge a capacidade de melhorar.

5 pilares da saúde
- TREINO DE QUALIDADE
- ALIMENTAÇÃO SAUDÁVEL
- COMPORTAMENTOS ADEQUADOS
- SONO REGENERATIVO
- RESPIRAÇÃO IDEAL

ANOTAÇÕES
_____
_____
_____
_____
_____
_____
_____
_____
_____
_____
_____

CONSUMO DIÁRIO DE ÁGUA COPOS

DIA 222

/ / **DATA**

Você não pode querer que o seu corpo mude para melhor se continuar fazendo o que te torna pior.

5 pilares da saúde

- TREINO DE QUALIDADE
- ALIMENTAÇÃO SAUDÁVEL
- COMPORTAMENTOS ADEQUADOS
- SONO REGENERATIVO
- RESPIRAÇÃO IDEAL

TREINO DO DIA

ANOTAÇÕES

_____
_____
_____
_____
_____
_____
_____

CONSUMO DIÁRIO DE ÁGUA COPOS

DATA / /

DIA 223

Sua mente pode ser treinada isoladamente, mas o corpo precisa ser treinado de forma integrada.

TREINO DO DIA

5 pilares da saúde
- [ ] TREINO DE QUALIDADE
- [ ] ALIMENTAÇÃO SAUDÁVEL
- [ ] COMPORTAMENTOS ADEQUADOS
- [ ] SONO REGENERATIVO
- [ ] RESPIRAÇÃO IDEAL

ANOTAÇÕES
_____
_____
_____
_____
_____
_____
_____
_____
_____

CONSUMO DIÁRIO DE ÁGUA — COPOS

Sérgio Bertoluci

DIA 224

/ / **DATA**

Quando você termina um treino de alta intensidade, você não será a mesma pessoa que era no início. Por isso, existem treinos desafiadores.

5 pilares da saúde

- [ ] TREINO DE QUALIDADE
- [ ] ALIMENTAÇÃO SAUDÁVEL
- [ ] COMPORTAMENTOS ADEQUADOS
- [ ] SONO REGENERATIVO
- [ ] RESPIRAÇÃO IDEAL

TREINO DO DIA

ANOTAÇÕES

_____
_____
_____
_____
_____
_____
_____
_____

CONSUMO DIÁRIO DE ÁGUA COPOS

DATA / /

DIA 225

Todos temos uma reserva de energia interna que surge no momento certo, quando realmente precisamos.

5 pilares da saúde
- [ ] TREINO DE QUALIDADE
- [ ] ALIMENTAÇÃO SAUDÁVEL
- [ ] COMPORTAMENTOS ADEQUADOS
- [ ] SONO REGENERATIVO
- [ ] RESPIRAÇÃO IDEAL

TREINO DO DIA

ANOTAÇÕES
_____
_____
_____
_____
_____
_____
_____
_____
_____
_____

CONSUMO DIÁRIO DE ÁGUA COPOS

Sérgio Bertoluci

DIA 226

/ / DATA

Se você conviver com pessoas comprometidas com a saúde e o bem-estar, você será incentivado a melhorar sua própria condição física.

5 pilares da saúde

- [ ] TREINO DE QUALIDADE
- [ ] ALIMENTAÇÃO SAUDÁVEL
- [ ] COMPORTAMENTOS ADEQUADOS
- [ ] SONO REGENERATIVO
- [ ] RESPIRAÇÃO IDEAL

TREINO DO DIA

ANOTAÇÕES

_____
_____
_____
_____
_____
_____
_____

CONSUMO DIÁRIO DE ÁGUA — COPOS

DATA / /

DIA 227

Olhe atentamente para o corpo que você está construindo hoje. Ele deverá refletir o corpo que você deseja ter no futuro.

5 pilares da saúde
- [ ] TREINO DE QUALIDADE
- [ ] ALIMENTAÇÃO SAUDÁVEL
- [ ] COMPORTAMENTOS ADEQUADOS
- [ ] SONO REGENERATIVO
- [ ] RESPIRAÇÃO IDEAL

TREINO DO DIA

ANOTAÇÕES

_____
_____
_____
_____
_____
_____
_____
_____
_____
_____

CONSUMO DIÁRIO DE ÁGUA — COPOS

Sérgio Bertoluci

DIA 228

/ / **DATA**

A história já nos mostrou que estilo de vida saudável é contagiante e que corpo desejado é construído *Todo Santo Dia*.

5 pilares da saúde

- TREINO DE QUALIDADE
- ALIMENTAÇÃO SAUDÁVEL
- COMPORTAMENTOS ADEQUADOS
- SONO REGENERATIVO
- RESPIRAÇÃO IDEAL

TREINO DO DIA

ANOTAÇÕES

_____
_____
_____
_____
_____
_____
_____
_____
_____
_____

CONSUMO DIÁRIO DE ÁGUA COPOS

DATA / /

DIA 229

Para melhorar a qualidade de vida, melhore a qualidade dos seus comportamentos.

TREINO DO DIA

5 pilares da saúde
- [ ] TREINO DE QUALIDADE
- [ ] ALIMENTAÇÃO SAUDÁVEL
- [ ] COMPORTAMENTOS ADEQUADOS
- [ ] SONO REGENERATIVO
- [ ] RESPIRAÇÃO IDEAL

ANOTAÇÕES

_____
_____
_____
_____
_____
_____
_____
_____
_____
_____

CONSUMO DIÁRIO DE ÁGUA COPOS

Sérgio Bertoluci

DIA 230

DATA / /

As pessoas te descrevem como te veem. Seu corpo é o que elas enxergam. Consegue imaginar sua própria descrição?

5 pilares da saúde

- [ ] TREINO DE QUALIDADE
- [ ] ALIMENTAÇÃO SAUDÁVEL
- [ ] COMPORTAMENTOS ADEQUADOS
- [ ] SONO REGENERATIVO
- [ ] RESPIRAÇÃO IDEAL

TREINO DO DIA

ANOTAÇÕES

_____
_____
_____
_____
_____
_____

CONSUMO DIÁRIO DE ÁGUA — COPOS

DATA / /

DIA 231

A tarefa mais importante de uma pessoa que vem ao mundo é mover-se para realizar algo.

TREINO DO DIA

5 pilares da saúde
- TREINO DE QUALIDADE
- ALIMENTAÇÃO SAUDÁVEL
- COMPORTAMENTOS ADEQUADOS
- SONO REGENERATIVO
- RESPIRAÇÃO IDEAL

ANOTAÇÕES
_____
_____
_____
_____
_____
_____
_____
_____
_____
_____

CONSUMO DIÁRIO DE ÁGUA COPOS

Sérgio Bertoluci

DIA 232

/ / **DATA**

Quando você tira a camiseta hoje, você sente orgulho ou vergonha do que vê?

5 pilares da saúde
- TREINO DE QUALIDADE
- ALIMENTAÇÃO SAUDÁVEL
- COMPORTAMENTOS ADEQUADOS
- SONO REGENERATIVO
- RESPIRAÇÃO IDEAL

TREINO DO DIA

ANOTAÇÕES

_____
_____
_____
_____
_____
_____
_____

CONSUMO DIÁRIO DE ÁGUA / COPOS

DATA / /

DIA 233

Você é o único representante do seu corpo na face da Terra.

5 pilares da saúde
- [ ] TREINO DE QUALIDADE
- [ ] ALIMENTAÇÃO SAUDÁVEL
- [ ] COMPORTAMENTOS ADEQUADOS
- [ ] SONO REGENERATIVO
- [ ] RESPIRAÇÃO IDEAL

TREINO DO DIA

ANOTAÇÕES
_____
_____
_____
_____
_____
_____
_____
_____
_____

CONSUMO DIÁRIO DE ÁGUA COPOS

Sérgio Bertoluci 249

DIA 234

/ / DATA

A sua mensagem começa com seu corpo.

5 pilares da saúde

- TREINO DE QUALIDADE ☐
- ALIMENTAÇÃO SAUDÁVEL ☐
- COMPORTAMENTOS ADEQUADOS ☐
- SONO REGENERATIVO ☐
- RESPIRAÇÃO IDEAL ☐

TREINO DO DIA

ANOTAÇÕES

_____
_____
_____
_____
_____
_____
_____
_____

CONSUMO DIÁRIO DE ÁGUA COPOS

DATA / /

DIA 235

Um dos grandes segredos da vida é ter saúde para chegar aonde deseja.

TREINO DO DIA

5 pilares da saúde
- TREINO DE QUALIDADE
- ALIMENTAÇÃO SAUDÁVEL
- COMPORTAMENTOS ADEQUADOS
- SONO REGENERATIVO
- RESPIRAÇÃO IDEAL

ANOTAÇÕES
_____
_____
_____
_____
_____
_____
_____
_____
_____
_____

CONSUMO DIÁRIO DE ÁGUA COPOS

Sérgio Bertoluci

DIA 236

/ / **DATA**

Se você quer treinar, tem que largar aquilo que te torna preguiçoso e sedentário.

5 pilares da saúde

- TREINO DE QUALIDADE ☐
- ALIMENTAÇÃO SAUDÁVEL ☐
- COMPORTAMENTOS ADEQUADOS ☐
- SONO REGENERATIVO ☐
- RESPIRAÇÃO IDEAL ☐

TREINO DO DIA

ANOTAÇÕES

_____
_____
_____
_____
_____
_____
_____
_____

CONSUMO DIÁRIO DE ÁGUA — COPOS

DATA / /

DIA 237

É essencial descansar, por isso que você dorme todas as noites. Treine durante o dia e descanse à noite.

TREINO DO DIA

5 pilares da saúde
- TREINO DE QUALIDADE
- ALIMENTAÇÃO SAUDÁVEL
- COMPORTAMENTOS ADEQUADOS
- SONO REGENERATIVO
- RESPIRAÇÃO IDEAL

ANOTAÇÕES

_____
_____
_____
_____
_____
_____
_____
_____
_____

CONSUMO DIÁRIO DE ÁGUA COPOS

DIA 238

/ / DATA

Tudo o que precisamos decidir é o que fazer com o corpo e a saúde que nos são dados.

5 pilares da saúde

- TREINO DE QUALIDADE ▪
- ALIMENTAÇÃO SAUDÁVEL ▪
- COMPORTAMENTOS ADEQUADOS ▪
- SONO REGENERATIVO ▪
- RESPIRAÇÃO IDEAL ▪

TREINO DO DIA

ANOTAÇÕES

_____
_____
_____
_____
_____
_____
_____

CONSUMO DIÁRIO DE ÁGUA COPOS

DATA / /

DIA 239

Se você só estiver disposto a fazer treinos fáceis, sua vida será difícil. Mas se aceitar desafios difíceis, sua vida ficará mais fácil.

5 pilares da saúde
- [ ] TREINO DE QUALIDADE
- [ ] ALIMENTAÇÃO SAUDÁVEL
- [ ] COMPORTAMENTOS ADEQUADOS
- [ ] SONO REGENERATIVO
- [ ] RESPIRAÇÃO IDEAL

TREINO DO DIA (QR Code)

ANOTAÇÕES
_____
_____
_____
_____
_____
_____
_____
_____
_____

CONSUMO DIÁRIO DE ÁGUA — COPOS

Sérgio Bertoluci

DIA 240

/ / **DATA**

Você é o único responsável pelo seu corpo; não terceirize sua responsabilidade.

5 pilares da saúde
- TREINO DE QUALIDADE ☐
- ALIMENTAÇÃO SAUDÁVEL ☐
- COMPORTAMENTOS ADEQUADOS ☐
- SONO REGENERATIVO ☐
- RESPIRAÇÃO IDEAL ☐

TREINO DO DIA

ANOTAÇÕES

_____
_____
_____
_____
_____
_____
_____

CONSUMO DIÁRIO DE ÁGUA COPOS

DATA / /

DIA 241

Não interprete o tamanho da sua barriga como derrota. Você só será um derrotado se aceitar viver insatisfeito.

5 pilares da saúde
- [ ] TREINO DE QUALIDADE
- [ ] ALIMENTAÇÃO SAUDÁVEL
- [ ] COMPORTAMENTOS ADEQUADOS
- [ ] SONO REGENERATIVO
- [ ] RESPIRAÇÃO IDEAL

ANOTAÇÕES

_____
_____
_____
_____
_____
_____
_____
_____
_____

CONSUMO DIÁRIO DE ÁGUA — COPOS

Sérgio Bertoluci

DIA 242

/ / **DATA**

O esforço organizado e com precisão é necessário para sua evolução física e mental.

5 pilares da saúde

- TREINO DE QUALIDADE
- ALIMENTAÇÃO SAUDÁVEL
- COMPORTAMENTOS ADEQUADOS
- SONO REGENERATIVO
- RESPIRAÇÃO IDEAL

TREINO DO DIA

ANOTAÇÕES

_____
_____
_____
_____
_____
_____
_____
_____

CONSUMO DIÁRIO DE ÁGUA — COPOS

DATA / /

DIA 243

Seu corpo reflete quem você foi, mas será moldado pelo seu comportamento daqui para frente.

5 pilares da saúde

- TREINO DE QUALIDADE
- ALIMENTAÇÃO SAUDÁVEL
- COMPORTAMENTOS ADEQUADOS
- SONO REGENERATIVO
- RESPIRAÇÃO IDEAL

TREINO DO DIA

ANOTAÇÕES

_____
_____
_____
_____
_____
_____
_____
_____

CONSUMO DIÁRIO DE ÁGUA COPOS

Sérgio Bertoluci

DIA 244

/ / **DATA**

Não espere ter energia para treinar; treine para ter energia.

5 pilares da saúde

- TREINO DE QUALIDADE
- ALIMENTAÇÃO SAUDÁVEL
- COMPORTAMENTOS ADEQUADOS
- SONO REGENERATIVO
- RESPIRAÇÃO IDEAL

TREINO DO DIA

ANOTAÇÕES

_____
_____
_____
_____
_____
_____
_____
_____
_____
_____
_____
_____

CONSUMO DIÁRIO DE ÁGUA COPOS

DATA / /

DIA 245

Às vezes, seu corpo é a fonte da sua saúde; outras vezes, sua saúde pode ser a fonte do seu corpo.

5 pilares da saúde
- [ ] TREINO DE QUALIDADE
- [ ] ALIMENTAÇÃO SAUDÁVEL
- [ ] COMPORTAMENTOS ADEQUADOS
- [ ] SONO REGENERATIVO
- [ ] RESPIRAÇÃO IDEAL

TREINO DO DIA

ANOTAÇÕES

_____
_____
_____
_____
_____
_____
_____
_____
_____
_____

CONSUMO DIÁRIO DE ÁGUA — COPOS

DIA 246

/ / **DATA**

Seja o artista que desenha seu próprio corpo. Depende apenas de você.

5 pilares da saúde

- TREINO DE QUALIDADE
- ALIMENTAÇÃO SAUDÁVEL
- COMPORTAMENTOS ADEQUADOS
- SONO REGENERATIVO
- RESPIRAÇÃO IDEAL

TREINO DO DIA

ANOTAÇÕES

_____
_____
_____
_____
_____
_____
_____

CONSUMO DIÁRIO DE ÁGUA — COPOS

DATA / /

DIA 247

Treinar sem obter resultados é energia aplicada de forma inadequada.

TREINO DO DIA

5 pilares da saúde
- [ ] TREINO DE QUALIDADE
- [ ] ALIMENTAÇÃO SAUDÁVEL
- [ ] COMPORTAMENTOS ADEQUADOS
- [ ] SONO REGENERATIVO
- [ ] RESPIRAÇÃO IDEAL

ANOTAÇÕES

___

CONSUMO DIÁRIO DE ÁGUA COPOS

DIA 248

/ / **DATA**

Talvez você nunca dê a volta no mundo, mas ter capacidade física para isso é incrível.

5 pilares da saúde

- TREINO DE QUALIDADE
- ALIMENTAÇÃO SAUDÁVEL
- COMPORTAMENTOS ADEQUADOS
- SONO REGENERATIVO
- RESPIRAÇÃO IDEAL

TREINO DO DIA

ANOTAÇÕES

_____
_____
_____
_____
_____
_____
_____
_____

CONSUMO DIÁRIO DE ÁGUA — COPOS

DATA / /

DIA 249

Você só vive uma vez. Por isso, treine para viver mais e melhor.

5 pilares da saúde
- [ ] TREINO DE QUALIDADE
- [ ] ALIMENTAÇÃO SAUDÁVEL
- [ ] COMPORTAMENTOS ADEQUADOS
- [ ] SONO REGENERATIVO
- [ ] RESPIRAÇÃO IDEAL

ANOTAÇÕES
_____
_____
_____
_____
_____
_____
_____
_____
_____
_____
_____
_____

CONSUMO DIÁRIO DE ÁGUA — COPOS

Sérgio Bertoluci

DIA 250

/ / **DATA**

Nunca subestime o corpo e a saúde que você pode conquistar para transformar qualquer situação.

5 pilares da saúde

- TREINO DE QUALIDADE
- ALIMENTAÇÃO SAUDÁVEL
- COMPORTAMENTOS ADEQUADOS
- SONO REGENERATIVO
- RESPIRAÇÃO IDEAL

TREINO DO DIA

ANOTAÇÕES

_____
_____
_____
_____
_____
_____
_____
_____

CONSUMO DIÁRIO DE ÁGUA COPOS

DATA / /

DIA 251

O corpo dos seus sonhos pode ser conquistado.
É real, alcançável, possível e será seu.

5 pilares da saúde
- [ ] TREINO DE QUALIDADE
- [ ] ALIMENTAÇÃO SAUDÁVEL
- [ ] COMPORTAMENTOS ADEQUADOS
- [ ] SONO REGENERATIVO
- [ ] RESPIRAÇÃO IDEAL

TREINO DO DIA

ANOTAÇÕES

_____
_____
_____
_____
_____
_____
_____
_____
_____
_____

CONSUMO DIÁRIO DE ÁGUA COPOS

Sérgio Bertoluci

DIA 252

/ / **DATA**

O corpo que você tanto deseja será alcançado quando você equilibrar os 5 Pilares da Saúde.

5 pilares da saúde

- TREINO DE QUALIDADE
- ALIMENTAÇÃO SAUDÁVEL
- COMPORTAMENTOS ADEQUADOS
- SONO REGENERATIVO
- RESPIRAÇÃO IDEAL

TREINO DO DIA

ANOTAÇÕES

_____
_____
_____
_____
_____
_____
_____
_____

CONSUMO DIÁRIO DE ÁGUA COPOS

DATA / /

DIA 253

Treinar *Todo Santo Dia* nos traz saúde, e saúde é condição para a felicidade.

5 pilares da saúde
- [ ] TREINO DE QUALIDADE
- [ ] ALIMENTAÇÃO SAUDÁVEL
- [ ] COMPORTAMENTOS ADEQUADOS
- [ ] SONO REGENERATIVO
- [ ] RESPIRAÇÃO IDEAL

ANOTAÇÕES

_____
_____
_____
_____
_____
_____
_____
_____
_____
_____
_____
_____

CONSUMO DIÁRIO DE ÁGUA — COPOS

Sérgio Bertoluci

DIA
254

/ / **DATA**

Seu corpo é como se acostumou a ser.

5 pilares da saúde

- TREINO DE QUALIDADE ☐
- ALIMENTAÇÃO SAUDÁVEL ☐
- COMPORTAMENTOS ADEQUADOS ☐
- SONO REGENERATIVO ☐
- RESPIRAÇÃO IDEAL ☐

TREINO DO DIA

ANOTAÇÕES

_____
_____
_____
_____
_____
_____
_____

CONSUMO DIÁRIO DE ÁGUA COPOS

DATA / /

DIA 255

Qual é a sua escolha: um corpo com vigor e energia ou um corpo fraco e preguiçoso?

5 pilares da saúde
- [ ] TREINO DE QUALIDADE
- [ ] ALIMENTAÇÃO SAUDÁVEL
- [ ] COMPORTAMENTOS ADEQUADOS
- [ ] SONO REGENERATIVO
- [ ] RESPIRAÇÃO IDEAL

TREINO DO DIA

ANOTAÇÕES
_____
_____
_____
_____
_____
_____
_____
_____
_____

CONSUMO DIÁRIO DE ÁGUA COPOS

Sérgio Bertoluci

DIA 256

/ / DATA

Atividade física frequente te abre as portas da saúde e alta performance, mas você precisa entrar por conta própria.

5 pilares da saúde

- TREINO DE QUALIDADE ☐
- ALIMENTAÇÃO SAUDÁVEL ☐
- COMPORTAMENTOS ADEQUADOS ☐
- SONO REGENERATIVO ☐
- RESPIRAÇÃO IDEAL ☐

TREINO DO DIA

ANOTAÇÕES

_____
_____
_____
_____
_____
_____
_____
_____

CONSUMO DIÁRIO DE ÁGUA COPOS

DATA / /

DIA 257

A vida até pode ser mais ou menos, mas você tem a opção de viver mais ou menos. Qual a sua decisão?

TREINO DO DIA

5 pilares da saúde
- [ ] TREINO DE QUALIDADE
- [ ] ALIMENTAÇÃO SAUDÁVEL
- [ ] COMPORTAMENTOS ADEQUADOS
- [ ] SONO REGENERATIVO
- [ ] RESPIRAÇÃO IDEAL

ANOTAÇÕES

_____
_____
_____
_____
_____
_____
_____
_____
_____
_____

CONSUMO DIÁRIO DE ÁGUA COPOS

DIA 258

/ / **DATA**

A vida é um treino. Você é aquilo que faz *Todo Santo Dia*.

5 pilares da saúde

- TREINO DE QUALIDADE ☐
- ALIMENTAÇÃO SAUDÁVEL ☐
- COMPORTAMENTOS ADEQUADOS ☐
- SONO REGENERATIVO ☐
- RESPIRAÇÃO IDEAL ☐

TREINO DO DIA

ANOTAÇÕES

_____
_____
_____
_____
_____
_____
_____
_____

CONSUMO DIÁRIO DE ÁGUA COPOS

_____
_____
_____
_____

Treino Todo Santo Sia

DATA / /

DIA 259

Ao acordar, seja grato por mais um dia para treinar.

5 pilares da saúde
- [ ] TREINO DE QUALIDADE
- [ ] ALIMENTAÇÃO SAUDÁVEL
- [ ] COMPORTAMENTOS ADEQUADOS
- [ ] SONO REGENERATIVO
- [ ] RESPIRAÇÃO IDEAL

ANOTAÇÕES
_____
_____
_____
_____
_____
_____
_____
_____
_____
_____
_____

CONSUMO DIÁRIO DE ÁGUA — COPOS

DIA 260

/ / **DATA**

Quando você começa a caminhar, correr se torna uma consequência natural.

5 pilares da saúde

- TREINO DE QUALIDADE
- ALIMENTAÇÃO SAUDÁVEL
- COMPORTAMENTOS ADEQUADOS
- SONO REGENERATIVO
- RESPIRAÇÃO IDEAL

TREINO DO DIA

ANOTAÇÕES

_____
_____
_____
_____
_____
_____
_____
_____

CONSUMO DIÁRIO DE ÁGUA COPOS
_____
_____
_____
_____

DATA / /

DIA 261

Se está difícil, pode ser por falta de 20 minutos diários de dedicação.

5 pilares da saúde
- [ ] TREINO DE QUALIDADE
- [ ] ALIMENTAÇÃO SAUDÁVEL
- [ ] COMPORTAMENTOS ADEQUADOS
- [ ] SONO REGENERATIVO
- [ ] RESPIRAÇÃO IDEAL

TREINO DO DIA

ANOTAÇÕES
_____
_____
_____
_____
_____
_____
_____
_____
_____
_____
_____

CONSUMO DIÁRIO DE ÁGUA COPOS

DIA 262

/ / **DATA**

O metabolismo é fundamental para o emagrecimento. Quer emagrecer? Foque em acelerar o seu metabolismo.

5 pilares da saúde

- TREINO DE QUALIDADE
- ALIMENTAÇÃO SAUDÁVEL
- COMPORTAMENTOS ADEQUADOS
- SONO REGENERATIVO
- RESPIRAÇÃO IDEAL

TREINO DO DIA

ANOTAÇÕES

_____
_____
_____
_____
_____
_____
_____

CONSUMO DIÁRIO DE ÁGUA COPOS

DATA / /

DIA 263

Não existe músculo encurtado, apenas músculos pouco flexíveis. Invista em treino de flexibilidade.

5 pilares da saúde
- TREINO DE QUALIDADE
- ALIMENTAÇÃO SAUDÁVEL
- COMPORTAMENTOS ADEQUADOS
- SONO REGENERATIVO
- RESPIRAÇÃO IDEAL

ANOTAÇÕES
_____
_____
_____
_____
_____
_____
_____
_____
_____

CONSUMO DIÁRIO DE ÁGUA COPOS

Sérgio Bertoluci

DIA 264

/ / DATA

Não basta desejar o corpo ideal por um momento; é preciso mantê-lo para sempre.

5 pilares da saúde

- TREINO DE QUALIDADE ☐
- ALIMENTAÇÃO SAUDÁVEL ☐
- COMPORTAMENTOS ADEQUADOS ☐
- SONO REGENERATIVO ☐
- RESPIRAÇÃO IDEAL ☐

TREINO DO DIA

ANOTAÇÕES

_____
_____
_____
_____
_____
_____
_____

CONSUMO DIÁRIO DE ÁGUA — COPOS

DATA / /

DIA 265

Super humano não é um extraterrestre nem um mutante. Super humano é uma pessoa comum acima da média.

5 pilares da saúde

- [ ] TREINO DE QUALIDADE
- [ ] ALIMENTAÇÃO SAUDÁVEL
- [ ] COMPORTAMENTOS ADEQUADOS
- [ ] SONO REGENERATIVO
- [ ] RESPIRAÇÃO IDEAL

ANOTAÇÕES

_____
_____
_____
_____
_____
_____
_____
_____
_____
_____

CONSUMO DIÁRIO DE ÁGUA COPOS

Sérgio Bertoluci

DIA 266

/ / **DATA**

Pare de atribuir a culpa do seu corpo no seu pai, no seu avô, no seu bisavô. Suas características seguem uma linha, mas é você quem determina o novo caminho.

5 pilares da saúde

- [ ] TREINO DE QUALIDADE
- [ ] ALIMENTAÇÃO SAUDÁVEL
- [ ] COMPORTAMENTOS ADEQUADOS
- [ ] SONO REGENERATIVO
- [ ] RESPIRAÇÃO IDEAL

ANOTAÇÕES

CONSUMO DIÁRIO DE ÁGUA — COPOS

DATA / /

DIA 267

O corpo é uma máquina perfeita, você é que joga contra.

5 pilares da saúde
- [ ] TREINO DE QUALIDADE
- [ ] ALIMENTAÇÃO SAUDÁVEL
- [ ] COMPORTAMENTOS ADEQUADOS
- [ ] SONO REGENERATIVO
- [ ] RESPIRAÇÃO IDEAL

TREINO DO DIA

ANOTAÇÕES
___
___
___
___
___
___
___
___
___
___
___

CONSUMO DIÁRIO DE ÁGUA — COPOS

Sérgio Bertoluci

DIA 268

/ / DATA

Seu corpo engorda ou emagrece de acordo com suas decisões, *Todo Santo Dia.*

5 pilares da saúde

- TREINO DE QUALIDADE
- ALIMENTAÇÃO SAUDÁVEL
- COMPORTAMENTOS ADEQUADOS
- SONO REGENERATIVO
- RESPIRAÇÃO IDEAL

TREINO DO DIA

ANOTAÇÕES

CONSUMO DIÁRIO DE ÁGUA COPOS

DATA / /

DIA 269

Treinos bons resultam em progresso, treinos ruins resultam em experiências.

5 pilares da saúde
- [ ] TREINO DE QUALIDADE
- [ ] ALIMENTAÇÃO SAUDÁVEL
- [ ] COMPORTAMENTOS ADEQUADOS
- [ ] SONO REGENERATIVO
- [ ] RESPIRAÇÃO IDEAL

TREINO DO DIA

ANOTAÇÕES
_____
_____
_____
_____
_____
_____
_____
_____
_____

CONSUMO DIÁRIO DE ÁGUA COPOS

Sérgio Bertoluci

DIA 270

/ / DATA

Aprenda a desaprender. O que um dia funcionou, hoje talvez não funcione mais. Para o novo chegar, o velho tem de partir.

5 pilares da saúde

- TREINO DE QUALIDADE
- ALIMENTAÇÃO SAUDÁVEL
- COMPORTAMENTOS ADEQUADOS
- SONO REGENERATIVO
- RESPIRAÇÃO IDEAL

TREINO DO DIA

ANOTAÇÕES

_____
_____
_____
_____
_____
_____
_____
_____

CONSUMO DIÁRIO DE ÁGUA COPOS

DATA / /

DIA 271

A melhor maneira de alcançar o corpo desejado é construí-lo.

TREINO DO DIA

5 pilares da saúde
- TREINO DE QUALIDADE
- ALIMENTAÇÃO SAUDÁVEL
- COMPORTAMENTOS ADEQUADOS
- SONO REGENERATIVO
- RESPIRAÇÃO IDEAL

ANOTAÇÕES
_____
_____
_____
_____
_____
_____
_____
_____
_____
_____

CONSUMO DIÁRIO DE ÁGUA COPOS

Sérgio Bertoluci

DIA 272

/ / DATA

Ontem eu era um sedentário e queria fazer várias coisas, mas não fazia nada. Hoje sou ativo e nada pode me parar.

5 pilares da saúde

- TREINO DE QUALIDADE ☐
- ALIMENTAÇÃO SAUDÁVEL ☐
- COMPORTAMENTOS ADEQUADOS ☐
- SONO REGENERATIVO ☐
- RESPIRAÇÃO IDEAL ☐

TREINO DO DIA

ANOTAÇÕES

CONSUMO DIÁRIO DE ÁGUA COPOS

288 Treino Todo Santo Sia

DATA / /

DIA 273

A melhor idade para começar é agora. O momento que você tem é perfeito para alcançar o resultado que tanto quer. *Vambora* começar!!!

5 pilares da saúde
- TREINO DE QUALIDADE
- ALIMENTAÇÃO SAUDÁVEL
- COMPORTAMENTOS ADEQUADOS
- SONO REGENERATIVO
- RESPIRAÇÃO IDEAL

ANOTAÇÕES

_____
_____
_____
_____
_____
_____
_____
_____
_____
_____

CONSUMO DIÁRIO DE ÁGUA — COPOS

DIA 274

/ / **DATA**

Se você quer emagrecer, ganhar massa muscular ou simplesmente se sentir melhor, você precisa estabelecer suas próprias regras e viver sua vida cumprindo o combinado.

5 pilares da saúde

- [ ] TREINO DE QUALIDADE
- [ ] ALIMENTAÇÃO SAUDÁVEL
- [ ] COMPORTAMENTOS ADEQUADOS
- [ ] SONO REGENERATIVO
- [ ] RESPIRAÇÃO IDEAL

TREINO DO DIA

ANOTAÇÕES

CONSUMO DIÁRIO DE ÁGUA COPOS

DATA / /

DIA 275

Anuncie publicamente o seu desejo de mudança. Comprometa-se com alguém e seja fiel ao seu compromisso.

5 pilares da saúde

- [ ] TREINO DE QUALIDADE
- [ ] ALIMENTAÇÃO SAUDÁVEL
- [ ] COMPORTAMENTOS ADEQUADOS
- [ ] SONO REGENERATIVO
- [ ] RESPIRAÇÃO IDEAL

ANOTAÇÕES

_____
_____
_____
_____
_____
_____
_____
_____
_____
_____
_____
_____

CONSUMO DIÁRIO DE ÁGUA — COPOS

DIA 276

/ / **DATA**

Transforme a sua vontade de crescer em músculos.

5 pilares da saúde

- TREINO DE QUALIDADE ☐
- ALIMENTAÇÃO SAUDÁVEL ☐
- COMPORTAMENTOS ADEQUADOS ☐
- SONO REGENERATIVO ☐
- RESPIRAÇÃO IDEAL ☐

TREINO DO DIA

ANOTAÇÕES

CONSUMO DIÁRIO DE ÁGUA — COPOS

DATA / /

DIA 277

Não seja controlado pelo que as pessoas dizem criticando você; seja conduzido por suas próprias vontades através do movimento do seu corpo.

TREINO DO DIA

5 pilares da saúde

- TREINO DE QUALIDADE
- ALIMENTAÇÃO SAUDÁVEL
- COMPORTAMENTOS ADEQUADOS
- SONO REGENERATIVO
- RESPIRAÇÃO IDEAL

ANOTAÇÕES

CONSUMO DIÁRIO DE ÁGUA COPOS

Sérgio Bertoluci

DIA 278

/ / DATA

Todo Santo Dia, faça algo que te leve em direção aos seus objetivos.

5 pilares da saúde

- [ ] TREINO DE QUALIDADE
- [ ] ALIMENTAÇÃO SAUDÁVEL
- [ ] COMPORTAMENTOS ADEQUADOS
- [ ] SONO REGENERATIVO
- [ ] RESPIRAÇÃO IDEAL

TREINO DO DIA

ANOTAÇÕES

_____
_____
_____
_____
_____
_____
_____

CONSUMO DIÁRIO DE ÁGUA COPOS

DATA / /

DIA 279

Quando ver um corpo legal, tente imitá-lo. Quando ver um corpo ruim, olhe para si mesmo.

5 pilares da saúde
- [ ] TREINO DE QUALIDADE
- [ ] ALIMENTAÇÃO SAUDÁVEL
- [ ] COMPORTAMENTOS ADEQUADOS
- [ ] SONO REGENERATIVO
- [ ] RESPIRAÇÃO IDEAL

ANOTAÇÕES
_____
_____
_____
_____
_____
_____
_____
_____
_____

CONSUMO DIÁRIO DE ÁGUA COPOS

DIA
280

/ / **DATA**

Você não precisa esperar o momento ideal, comece agora em 3, 2, 1... VAI!!!

5 pilares da saúde

- TREINO DE QUALIDADE
- ALIMENTAÇÃO SAUDÁVEL
- COMPORTAMENTOS ADEQUADOS
- SONO REGENERATIVO
- RESPIRAÇÃO IDEAL

TREINO DO DIA

ANOTAÇÕES

CONSUMO DIÁRIO DE ÁGUA COPOS

DATA / /

DIA 281

O seu corpo não é um problema a ser resolvido, mas uma realidade que precisa ser transformada.

5 pilares da saúde
- [ ] TREINO DE QUALIDADE
- [ ] ALIMENTAÇÃO SAUDÁVEL
- [ ] COMPORTAMENTOS ADEQUADOS
- [ ] SONO REGENERATIVO
- [ ] RESPIRAÇÃO IDEAL

TREINO DO DIA

ANOTAÇÕES

_____
_____
_____
_____
_____
_____
_____
_____
_____

CONSUMO DIÁRIO DE ÁGUA COPOS

Sérgio Bertoluci

DIA 282

/ / DATA

Divida *Todo Santo Dia*: 10% sonho e 90% execução.

5 pilares da saúde

- TREINO DE QUALIDADE ☐
- ALIMENTAÇÃO SAUDÁVEL ☐
- COMPORTAMENTOS ADEQUADOS ☐
- SONO REGENERATIVO ☐
- RESPIRAÇÃO IDEAL ☐

TREINO DO DIA

ANOTAÇÕES

_____
_____
_____
_____
_____
_____
_____
_____
_____

CONSUMO DIÁRIO DE ÁGUA
COPOS

DATA / /

DIA 283

Se o corpo que você deseja não parece algo impossível, talvez você está desejando pouco.

5 pilares da saúde
- TREINO DE QUALIDADE
- ALIMENTAÇÃO SAUDÁVEL
- COMPORTAMENTOS ADEQUADOS
- SONO REGENERATIVO
- RESPIRAÇÃO IDEAL

ANOTAÇÕES

_____
_____
_____
_____
_____
_____
_____
_____
_____

CONSUMO DIÁRIO DE ÁGUA COPOS

Sérgio Bertoluci

DIA 284

/ / DATA

Ter um corpo com saúde sem motivo é a forma mais autêntica de um estilo de vida saudável.

5 pilares da saúde

- TREINO DE QUALIDADE
- ALIMENTAÇÃO SAUDÁVEL
- COMPORTAMENTOS ADEQUADOS
- SONO REGENERATIVO
- RESPIRAÇÃO IDEAL

TREINO DO DIA

ANOTAÇÕES

_____
_____
_____
_____
_____
_____
_____
_____
_____
_____

CONSUMO DIÁRIO DE ÁGUA — COPOS

DATA / /

DIA 285

Quem difama não desfruta. Quando ver alguém com um corpo legal, elogie.

TREINO DO DIA

5 pilares da saúde
- TREINO DE QUALIDADE
- ALIMENTAÇÃO SAUDÁVEL
- COMPORTAMENTOS ADEQUADOS
- SONO REGENERATIVO
- RESPIRAÇÃO IDEAL

ANOTAÇÕES
_____
_____
_____
_____
_____
_____
_____
_____
_____

CONSUMO DIÁRIO DE ÁGUA COPOS

Sérgio Bertoluci

DIA 286

/ / **DATA**

Todos os seus sonhos podem se tornar realidade se você treinar *Todo Santo Dia* para alcançá-los.

5 pilares da saúde

- TREINO DE QUALIDADE ☐
- ALIMENTAÇÃO SAUDÁVEL ☐
- COMPORTAMENTOS ADEQUADOS ☐
- SONO REGENERATIVO ☐
- RESPIRAÇÃO IDEAL ☐

TREINO DO DIA

ANOTAÇÕES

_____
_____
_____
_____
_____
_____
_____
_____
_____

CONSUMO DIÁRIO DE ÁGUA COPOS

DATA / /

DIA 287

Ninguém está tão sarado que não possa melhorar, nem tão ruim que não possa piorar.

TREINO DO DIA

5 pilares da saúde
- [ ] TREINO DE QUALIDADE
- [ ] ALIMENTAÇÃO SAUDÁVEL
- [ ] COMPORTAMENTOS ADEQUADOS
- [ ] SONO REGENERATIVO
- [ ] RESPIRAÇÃO IDEAL

ANOTAÇÕES
_____
_____
_____
_____
_____
_____
_____
_____
_____
_____

CONSUMO DIÁRIO DE ÁGUA COPOS

DIA 288

/ / **DATA**

O abdômen trincado não vem pronto, ele surge das suas próprias ações.

5 pilares da saúde

- [ ] TREINO DE QUALIDADE
- [ ] ALIMENTAÇÃO SAUDÁVEL
- [ ] COMPORTAMENTOS ADEQUADOS
- [ ] SONO REGENERATIVO
- [ ] RESPIRAÇÃO IDEAL

TREINO DO DIA

ANOTAÇÕES

_____
_____
_____
_____
_____
_____

CONSUMO DIÁRIO DE ÁGUA — COPOS

DATA / /

DIA 289

O corpo desejado vem para quem se dedica na direção certa pelo tempo que for necessário.

TREINO DO DIA

5 pilares da saúde
- TREINO DE QUALIDADE
- ALIMENTAÇÃO SAUDÁVEL
- COMPORTAMENTOS ADEQUADOS
- SONO REGENERATIVO
- RESPIRAÇÃO IDEAL

ANOTAÇÕES
_____
_____
_____
_____
_____
_____
_____
_____
_____
_____

CONSUMO DIÁRIO DE ÁGUA COPOS

Sérgio Bertoluci

DIA 290

/ / **DATA**

O melhor momento para você ter começado foi há dez anos. O segundo melhor momento é agora.

5 pilares da saúde

- TREINO DE QUALIDADE ☐
- ALIMENTAÇÃO SAUDÁVEL ☐
- COMPORTAMENTOS ADEQUADOS ☐
- SONO REGENERATIVO ☐
- RESPIRAÇÃO IDEAL ☐

TREINO DO DIA

ANOTAÇÕES

_____
_____
_____
_____
_____
_____
_____

CONSUMO DIÁRIO DE ÁGUA COPOS

DATA / /

DIA 291

É difícil vencer uma pessoa que treina *Todo Santo Dia*.

5 pilares da saúde

- TREINO DE QUALIDADE
- ALIMENTAÇÃO SAUDÁVEL
- COMPORTAMENTOS ADEQUADOS
- SONO REGENERATIVO
- RESPIRAÇÃO IDEAL

ANOTAÇÕES

_____
_____
_____
_____
_____
_____
_____
_____
_____
_____
_____

CONSUMO DIÁRIO DE ÁGUA COPOS

DIA 292

/ / **DATA**

Você não precisa estar no peso ideal para começar, mas precisa começar para alcançar o peso ideal.

5 pilares da saúde

- TREINO DE QUALIDADE
- ALIMENTAÇÃO SAUDÁVEL
- COMPORTAMENTOS ADEQUADOS
- SONO REGENERATIVO
- RESPIRAÇÃO IDEAL

TREINO DO DIA

ANOTAÇÕES

_____
_____
_____
_____
_____
_____
_____
_____

CONSUMO DIÁRIO DE ÁGUA COPOS

DATA / /

DIA 293

Treine como você pode, com o que você tem e onde estiver. O resultado vai mudar essa situação

TREINO DO DIA

5 pilares da saúde
- [ ] TREINO DE QUALIDADE
- [ ] ALIMENTAÇÃO SAUDÁVEL
- [ ] COMPORTAMENTOS ADEQUADOS
- [ ] SONO REGENERATIVO
- [ ] RESPIRAÇÃO IDEAL

ANOTAÇÕES

_____
_____
_____
_____
_____
_____
_____
_____
_____
_____
_____
_____

CONSUMO DIÁRIO DE ÁGUA COPOS

Sérgio Bertoluci

DIA 294

DATA / /

A qualidade de um piloto de avião se mede por horas de voo; a qualidade do seu corpo se mede por tempo de dedicação.

5 pilares da saúde

- TREINO DE QUALIDADE ☐
- ALIMENTAÇÃO SAUDÁVEL ☐
- COMPORTAMENTOS ADEQUADOS ☐
- SONO REGENERATIVO ☐
- RESPIRAÇÃO IDEAL ☐

TREINO DO DIA

ANOTAÇÕES

_____
_____
_____
_____
_____
_____
_____
_____

CONSUMO DIÁRIO DE ÁGUA — COPOS

DATA / /

DIA 295

Tente de novo, fracasse de novo, erre mais uma vez. Só não continue sendo negligente.

TREINO DO DIA

5 pilares da saúde
- TREINO DE QUALIDADE
- ALIMENTAÇÃO SAUDÁVEL
- COMPORTAMENTOS ADEQUADOS
- SONO REGENERATIVO
- RESPIRAÇÃO IDEAL

ANOTAÇÕES
___
___
___
___
___
___
___
___
___
___

CONSUMO DIÁRIO DE ÁGUA COPOS

Sérgio Bertoluci

DIA 296

/ / **DATA**

Quem está em forma está sempre pensando que tudo que faz contribui para o emagrecimento. O sedentário acha que tudo engorda. Pare de focar no que te atrapalha e passe a focar no que te ajuda.

5 pilares da saúde

- TREINO DE QUALIDADE ☐
- ALIMENTAÇÃO SAUDÁVEL ☐
- COMPORTAMENTOS ADEQUADOS ☐
- SONO REGENERATIVO ☐
- RESPIRAÇÃO IDEAL ☐

TREINO DO DIA

ANOTAÇÕES

CONSUMO DIÁRIO DE ÁGUA COPOS

DATA / /

DIA 297

Uma pessoa com o corpo definido começa definindo as suas prioridades.

5 pilares da saúde
- [ ] TREINO DE QUALIDADE
- [ ] ALIMENTAÇÃO SAUDÁVEL
- [ ] COMPORTAMENTOS ADEQUADOS
- [ ] SONO REGENERATIVO
- [ ] RESPIRAÇÃO IDEAL

TREINO DO DIA

ANOTAÇÕES

_____
_____
_____
_____
_____
_____
_____
_____
_____
_____

CONSUMO DIÁRIO DE ÁGUA COPOS

Sérgio Bertoluci

DIA 298

/ / DATA

A diferença entre uma pessoa fora de forma e uma pessoa em forma está na quantidade de massa muscular e na quantidade de gordura. Se é só isso, é fácil resolver.

5 pilares da saúde

- TREINO DE QUALIDADE
- ALIMENTAÇÃO SAUDÁVEL
- COMPORTAMENTOS ADEQUADOS
- SONO REGENERATIVO
- RESPIRAÇÃO IDEAL

TREINO DO DIA

ANOTAÇÕES

CONSUMO DIÁRIO DE ÁGUA COPOS

DATA / /

DIA 299

Imagine que uma nova história na sua vida pode ser contada a qualquer momento. Comece agora a sua nova história.

5 pilares da saúde

- [ ] TREINO DE QUALIDADE
- [ ] ALIMENTAÇÃO SAUDÁVEL
- [ ] COMPORTAMENTOS ADEQUADOS
- [ ] SONO REGENERATIVO
- [ ] RESPIRAÇÃO IDEAL

ANOTAÇÕES

_____
_____
_____
_____
_____
_____
_____
_____
_____
_____

CONSUMO DIÁRIO DE ÁGUA COPOS

Sérgio Bertoluci

DIA 300

/ / **DATA**

Treinar, cuidar da alimentação, beber água e dormir é como escovar os dentes. Tem que ser *Todo Santo Dia*.

5 pilares da saúde

- TREINO DE QUALIDADE
- ALIMENTAÇÃO SAUDÁVEL
- COMPORTAMENTOS ADEQUADOS
- SONO REGENERATIVO
- RESPIRAÇÃO IDEAL

TREINO DO DIA

ANOTAÇÕES

CONSUMO DIÁRIO DE ÁGUA COPOS

DATA / /

DIA 301

Você pode fracassar várias vezes e mesmo assim progredir. Não deixe que o fracasso te transforme em um derrotado.

5 pilares da saúde

- [ ] TREINO DE QUALIDADE
- [ ] ALIMENTAÇÃO SAUDÁVEL
- [ ] COMPORTAMENTOS ADEQUADOS
- [ ] SONO REGENERATIVO
- [ ] RESPIRAÇÃO IDEAL

ANOTAÇÕES

_____
_____
_____
_____
_____
_____
_____
_____
_____
_____
_____

CONSUMO DIÁRIO DE ÁGUA — COPOS

Sérgio Bertoluci

DIA 302

/ / **DATA**

Disciplina é fazer o que tem de ser feito mesmo sem vontade.

5 pilares da saúde

- TREINO DE QUALIDADE ☐
- ALIMENTAÇÃO SAUDÁVEL ☐
- COMPORTAMENTOS ADEQUADOS ☐
- SONO REGENERATIVO ☐
- RESPIRAÇÃO IDEAL ☐

TREINO DO DIA

ANOTAÇÕES

_____
_____
_____
_____
_____
_____
_____

CONSUMO DIÁRIO DE ÁGUA — COPOS

DATA / /

DIA 303

Acredite em si mesmo e tenha resultados. As pessoas não terão outra escolha senão acreditar em você.

5 pilares da saúde
- [ ] TREINO DE QUALIDADE
- [ ] ALIMENTAÇÃO SAUDÁVEL
- [ ] COMPORTAMENTOS ADEQUADOS
- [ ] SONO REGENERATIVO
- [ ] RESPIRAÇÃO IDEAL

ANOTAÇÕES

_____
_____
_____
_____
_____
_____
_____
_____
_____

CONSUMO DIÁRIO DE ÁGUA COPOS

DIA 304

/ / DATA

Pela primeira vez na história da humanidade, a obesidade mata mais do que a fome no mundo.

5 pilares da saúde

- TREINO DE QUALIDADE
- ALIMENTAÇÃO SAUDÁVEL
- COMPORTAMENTOS ADEQUADOS
- SONO REGENERATIVO
- RESPIRAÇÃO IDEAL

TREINO DO DIA

ANOTAÇÕES

_____
_____
_____
_____
_____
_____
_____

CONSUMO DIÁRIO DE ÁGUA COPOS

DATA / /

DIA 305

Não se trata apenas de se aceitar, mas de não se conformar, sabendo que poderia estar muito melhor.

TREINO DO DIA

5 pilares da saúde
- [ ] TREINO DE QUALIDADE
- [ ] ALIMENTAÇÃO SAUDÁVEL
- [ ] COMPORTAMENTOS ADEQUADOS
- [ ] SONO REGENERATIVO
- [ ] RESPIRAÇÃO IDEAL

ANOTAÇÕES
_____
_____
_____
_____
_____
_____
_____
_____
_____
_____
_____

CONSUMO DIÁRIO DE ÁGUA COPOS

Sérgio Bertoluci

DIA 306

/ / **DATA**

Se tem água, tem vida. Viver com pouca água mexe diretamente com a sua qualidade de vida.

5 pilares da saúde

- TREINO DE QUALIDADE
- ALIMENTAÇÃO SAUDÁVEL
- COMPORTAMENTOS ADEQUADOS
- SONO REGENERATIVO
- RESPIRAÇÃO IDEAL

TREINO DO DIA

ANOTAÇÕES

___

CONSUMO DIÁRIO DE ÁGUA COPOS

DATA / /

DIA 307

Hoje você está fazendo o que não conseguia fazer antes porque você está treinando *Todo Santo Dia*.

5 pilares da saúde
- TREINO DE QUALIDADE
- ALIMENTAÇÃO SAUDÁVEL
- COMPORTAMENTOS ADEQUADOS
- SONO REGENERATIVO
- RESPIRAÇÃO IDEAL

ANOTAÇÕES

CONSUMO DIÁRIO DE ÁGUA COPOS

Sérgio Bertoluci

DIA 308

/ / **DATA**

Criar novos padrões faz com que obtenha novos resultados. Somos o que mais fazemos, somos nossos hábitos.

5 pilares da saúde

- TREINO DE QUALIDADE
- ALIMENTAÇÃO SAUDÁVEL
- COMPORTAMENTOS ADEQUADOS
- SONO REGENERATIVO
- RESPIRAÇÃO IDEAL

TREINO DO DIA

ANOTAÇÕES

___

CONSUMO DIÁRIO DE ÁGUA COPOS

Treino Todo Santo Sia

DATA / /

DIA 309

Você pode aceitar e usufruir da sorte e de milagres, mas não dependa deles.

TREINO DO DIA

5 pilares da saúde
- [ ] TREINO DE QUALIDADE
- [ ] ALIMENTAÇÃO SAUDÁVEL
- [ ] COMPORTAMENTOS ADEQUADOS
- [ ] SONO REGENERATIVO
- [ ] RESPIRAÇÃO IDEAL

ANOTAÇÕES

_____
_____
_____
_____
_____
_____
_____
_____
_____
_____

CONSUMO DIÁRIO DE ÁGUA COPOS

Sérgio Bertoluci

DIA 310

/ / **DATA**

O principal recurso do ser humano é o movimento organizado, com precisão e inteligente.

5 pilares da saúde

- TREINO DE QUALIDADE
- ALIMENTAÇÃO SAUDÁVEL
- COMPORTAMENTOS ADEQUADOS
- SONO REGENERATIVO
- RESPIRAÇÃO IDEAL

TREINO DO DIA

ANOTAÇÕES

_____
_____
_____
_____
_____
_____
_____
_____

CONSUMO DIÁRIO DE ÁGUA COPOS

DATA / /

DIA 311

Algumas pessoas querem perder peso, algumas esperam perder peso, outras perdem peso de fato.

5 pilares da saúde
- TREINO DE QUALIDADE
- ALIMENTAÇÃO SAUDÁVEL
- COMPORTAMENTOS ADEQUADOS
- SONO REGENERATIVO
- RESPIRAÇÃO IDEAL

ANOTAÇÕES

CONSUMO DIÁRIO DE ÁGUA COPOS

Sérgio Bertoluci

DIA 312

/ / **DATA**

Pensar positivo não faz ninguém emagrecer, mas é uma estratégia para começar e continuar até alcançar o emagrecimento desejado.

5 pilares da saúde

- TREINO DE QUALIDADE
- ALIMENTAÇÃO SAUDÁVEL
- COMPORTAMENTOS ADEQUADOS
- SONO REGENERATIVO
- RESPIRAÇÃO IDEAL

TREINO DO DIA

ANOTAÇÕES

_____
_____
_____
_____
_____
_____
_____

CONSUMO DIÁRIO DE ÁGUA — COPOS

DATA / /

DIA 313

Se você quer emagrecer, tem de suportar os treinos.

5 pilares da saúde
- TREINO DE QUALIDADE
- ALIMENTAÇÃO SAUDÁVEL
- COMPORTAMENTOS ADEQUADOS
- SONO REGENERATIVO
- RESPIRAÇÃO IDEAL

TREINO DO DIA

ANOTAÇÕES
_____
_____
_____
_____
_____
_____
_____
_____
_____
_____

CONSUMO DIÁRIO DE ÁGUA COPOS

Sérgio Bertoluci

DIA 314

/ / **DATA**

O que você tanto procura foi escrito para você achar.

5 pilares da saúde
- TREINO DE QUALIDADE
- ALIMENTAÇÃO SAUDÁVEL
- COMPORTAMENTOS ADEQUADOS
- SONO REGENERATIVO
- RESPIRAÇÃO IDEAL

TREINO DO DIA

ANOTAÇÕES

_____
_____
_____
_____
_____
_____
_____

CONSUMO DIÁRIO DE ÁGUA — COPOS

DATA / /

DIA 315

Meta é objetivo com prazo determinado. Me diga, qual é a sua meta?

TREINO DO DIA

5 pilares da saúde
- TREINO DE QUALIDADE
- ALIMENTAÇÃO SAUDÁVEL
- COMPORTAMENTOS ADEQUADOS
- SONO REGENERATIVO
- RESPIRAÇÃO IDEAL

ANOTAÇÕES

_____
_____
_____
_____
_____
_____
_____
_____
_____

CONSUMO DIÁRIO DE ÁGUA COPOS

DIA 316

/ / **DATA**

Não se subestime; encare seus desafios e vá além dos seus limites.

5 pilares da saúde

- TREINO DE QUALIDADE ☐
- ALIMENTAÇÃO SAUDÁVEL ☐
- COMPORTAMENTOS ADEQUADOS ☐
- SONO REGENERATIVO ☐
- RESPIRAÇÃO IDEAL ☐

TREINO DO DIA

ANOTAÇÕES

_____
_____
_____
_____
_____
_____
_____
_____

CONSUMO DIÁRIO DE ÁGUA COPOS

DATA / /

DIA 317

Se não tem motor, pedale. Se não tiver vento, reme. Esteja preparado para encontrar uma solução.

TREINO DO DIA

5 pilares da saúde

- [ ] TREINO DE QUALIDADE
- [ ] ALIMENTAÇÃO SAUDÁVEL
- [ ] COMPORTAMENTOS ADEQUADOS
- [ ] SONO REGENERATIVO
- [ ] RESPIRAÇÃO IDEAL

ANOTAÇÕES

_____
_____
_____
_____
_____
_____
_____
_____
_____
_____
_____

CONSUMO DIÁRIO DE ÁGUA COPOS

Sérgio Bertoluci

DIA 318   / /   **DATA**

Cada treino é uma nova oportunidade.

5 pilares da saúde
- TREINO DE QUALIDADE ☐
- ALIMENTAÇÃO SAUDÁVEL ☐
- COMPORTAMENTOS ADEQUADOS ☐
- SONO REGENERATIVO ☐
- RESPIRAÇÃO IDEAL ☐

TREINO DO DIA

ANOTAÇÕES

_____
_____
_____
_____
_____
_____
_____
_____

CONSUMO DIÁRIO DE ÁGUA — COPOS

Treino Todo Santo Sia

DATA / /

DIA 319

Treinos desafiadores costumam levar seus músculos para outro nível.

TREINO DO DIA

5 pilares da saúde
- TREINO DE QUALIDADE
- ALIMENTAÇÃO SAUDÁVEL
- COMPORTAMENTOS ADEQUADOS
- SONO REGENERATIVO
- RESPIRAÇÃO IDEAL

ANOTAÇÕES

CONSUMO DIÁRIO DE ÁGUA COPOS

DIA
320

/ / **DATA**

Treinar pouco tempo, sem equipamentos, e ter mais resultados é bom demais.

5 pilares da saúde

- TREINO DE QUALIDADE
- ALIMENTAÇÃO SAUDÁVEL
- COMPORTAMENTOS ADEQUADOS
- SONO REGENERATIVO
- RESPIRAÇÃO IDEAL

TREINO DO DIA

ANOTAÇÕES

_____
_____
_____
_____
_____
_____
_____
_____

CONSUMO DIÁRIO DE ÁGUA COPOS

DATA / /

DIA 321

Não aconteceu AINDA, mas vai acontecer. Segue firme.

5 pilares da saúde
- [ ] TREINO DE QUALIDADE
- [ ] ALIMENTAÇÃO SAUDÁVEL
- [ ] COMPORTAMENTOS ADEQUADOS
- [ ] SONO REGENERATIVO
- [ ] RESPIRAÇÃO IDEAL

ANOTAÇÕES

_____
_____
_____
_____
_____
_____
_____
_____
_____
_____

CONSUMO DIÁRIO DE ÁGUA — COPOS

DIA 322

/ / **DATA**

Um projeto grande não se conclui em pouco tempo; tenha paciência.

5 pilares da saúde
- TREINO DE QUALIDADE
- ALIMENTAÇÃO SAUDÁVEL
- COMPORTAMENTOS ADEQUADOS
- SONO REGENERATIVO
- RESPIRAÇÃO IDEAL

TREINO DO DIA

ANOTAÇÕES

_____
_____
_____
_____
_____
_____
_____
_____

CONSUMO DIÁRIO DE ÁGUA COPOS

DATA / /

DIA 323

Um dia você vai se lembrar e dar risada de como estava. Continue treinando para que isso aconteça.

TREINO DO DIA

5 pilares da saúde
- [ ] TREINO DE QUALIDADE
- [ ] ALIMENTAÇÃO SAUDÁVEL
- [ ] COMPORTAMENTOS ADEQUADOS
- [ ] SONO REGENERATIVO
- [ ] RESPIRAÇÃO IDEAL

ANOTAÇÕES
_____
_____
_____
_____
_____
_____
_____
_____
_____
_____

CONSUMO DIÁRIO DE ÁGUA COPOS

Sérgio Bertoluci

DIA 324

/ / DATA

Tudo que não se renova, morre. Renove o seu corpo *Todo Santo Dia*.

5 pilares da saúde

- TREINO DE QUALIDADE ☐
- ALIMENTAÇÃO SAUDÁVEL ☐
- COMPORTAMENTOS ADEQUADOS ☐
- SONO REGENERATIVO ☐
- RESPIRAÇÃO IDEAL ☐

TREINO DO DIA

ANOTAÇÕES

_____
_____
_____
_____
_____
_____
_____
_____

CONSUMO DIÁRIO DE ÁGUA — COPOS

DATA / /

DIA 325

Pessoas melhores melhoram a cada dia.
Pessoas piores pioram a cada dia.

TREINO DO DIA

5 pilares da saúde
- [ ] TREINO DE QUALIDADE
- [ ] ALIMENTAÇÃO SAUDÁVEL
- [ ] COMPORTAMENTOS ADEQUADOS
- [ ] SONO REGENERATIVO
- [ ] RESPIRAÇÃO IDEAL

ANOTAÇÕES

_____
_____
_____
_____
_____
_____
_____
_____
_____
_____

CONSUMO DIÁRIO DE ÁGUA COPOS

DIA 326

/ / **DATA**

Você não alcançará o máximo do seu potencial sem trabalhar corpo e mente de forma integrada.

5 pilares da saúde

- TREINO DE QUALIDADE
- ALIMENTAÇÃO SAUDÁVEL
- COMPORTAMENTOS ADEQUADOS
- SONO REGENERATIVO
- RESPIRAÇÃO IDEAL

TREINO DO DIA

ANOTAÇÕES

CONSUMO DIÁRIO DE ÁGUA COPOS

DATA / /

DIA 327

Todo resultado imediato precisa de muito esforço para perdurar. Por isso não é sustentável.

5 pilares da saúde
- ☐ TREINO DE QUALIDADE
- ☐ ALIMENTAÇÃO SAUDÁVEL
- ☐ COMPORTAMENTOS ADEQUADOS
- ☐ SONO REGENERATIVO
- ☐ RESPIRAÇÃO IDEAL

ANOTAÇÕES
_____
_____
_____
_____
_____
_____
_____
_____
_____
_____

CONSUMO DIÁRIO DE ÁGUA COPOS

Sérgio Bertoluci

DIA 328

/ / **DATA**

O seu corpo está com você em todas as situações: boas ou ruins, ele não te abandona.

5 pilares da saúde

- TREINO DE QUALIDADE
- ALIMENTAÇÃO SAUDÁVEL
- COMPORTAMENTOS ADEQUADOS
- SONO REGENERATIVO
- RESPIRAÇÃO IDEAL

TREINO DO DIA

ANOTAÇÕES

_____
_____
_____
_____
_____
_____
_____
_____

CONSUMO DIÁRIO DE ÁGUA — COPOS

DATA / /

DIA 329

Esteja preparado fisicamente; nem toda tempestade consta na previsão do tempo.

TREINO DO DIA

5 pilares da saúde
- [ ] TREINO DE QUALIDADE
- [ ] ALIMENTAÇÃO SAUDÁVEL
- [ ] COMPORTAMENTOS ADEQUADOS
- [ ] SONO REGENERATIVO
- [ ] RESPIRAÇÃO IDEAL

ANOTAÇÕES
_____
_____
_____
_____
_____
_____
_____
_____
_____
_____

CONSUMO DIÁRIO DE ÁGUA COPOS

Sérgio Bertoluci

DIA 330

/ / **DATA**

A intensidade do treino de hoje determina o sucesso de amanhã.

5 pilares da saúde

- TREINO DE QUALIDADE ☐
- ALIMENTAÇÃO SAUDÁVEL ☐
- COMPORTAMENTOS ADEQUADOS ☐
- SONO REGENERATIVO ☐
- RESPIRAÇÃO IDEAL ☐

TREINO DO DIA

ANOTAÇÕES

_____
_____
_____
_____
_____
_____
_____

CONSUMO DIÁRIO DE ÁGUA COPOS

DATA / /

DIA 331

O melhor remédio para ansiedade e depressão é atividade física *Todo Santo Dia*.

5 pilares da saúde
- [ ] TREINO DE QUALIDADE
- [ ] ALIMENTAÇÃO SAUDÁVEL
- [ ] COMPORTAMENTOS ADEQUADOS
- [ ] SONO REGENERATIVO
- [ ] RESPIRAÇÃO IDEAL

TREINO DO DIA

ANOTAÇÕES

_____
_____
_____
_____
_____
_____
_____
_____
_____
_____

CONSUMO DIÁRIO DE ÁGUA COPOS

Sérgio Bertoluci

DIA 332

/ / **DATA**

O seu corpo é você; não aja sem pensar nele.

5 pilares da saúde

- TREINO DE QUALIDADE
- ALIMENTAÇÃO SAUDÁVEL
- COMPORTAMENTOS ADEQUADOS
- SONO REGENERATIVO
- RESPIRAÇÃO IDEAL

TREINO DO DIA

ANOTAÇÕES

_____
_____
_____
_____
_____
_____
_____

CONSUMO DIÁRIO DE ÁGUA — COPOS

DATA / /

DIA 333

O treino de hoje determinará a musculatura e o percentual de gordura de amanhã.

TREINO DO DIA

5 pilares da saúde
- [ ] TREINO DE QUALIDADE
- [ ] ALIMENTAÇÃO SAUDÁVEL
- [ ] COMPORTAMENTOS ADEQUADOS
- [ ] SONO REGENERATIVO
- [ ] RESPIRAÇÃO IDEAL

ANOTAÇÕES
_____
_____
_____
_____
_____
_____
_____
_____
_____
_____

CONSUMO DIÁRIO DE ÁGUA — COPOS

Sérgio Bertoluci

DIA 334

/ / **DATA**

Haverá recompensa para o seu esforço. Continue!

5 pilares da saúde

- TREINO DE QUALIDADE ☐
- ALIMENTAÇÃO SAUDÁVEL ☐
- COMPORTAMENTOS ADEQUADOS ☐
- SONO REGENERATIVO ☐
- RESPIRAÇÃO IDEAL ☐

TREINO DO DIA

ANOTAÇÕES

_____
_____
_____
_____
_____
_____
_____

CONSUMO DIÁRIO DE ÁGUA — COPOS

DATA / /

DIA 335

Ative o modo 110% hoje e repita essa estratégia amanhã.

TREINO DO DIA

5 pilares da saúde
- TREINO DE QUALIDADE
- ALIMENTAÇÃO SAUDÁVEL
- COMPORTAMENTOS ADEQUADOS
- SONO REGENERATIVO
- RESPIRAÇÃO IDEAL

ANOTAÇÕES
_____
_____
_____
_____
_____
_____
_____
_____
_____
_____

CONSUMO DIÁRIO DE ÁGUA COPOS

Sérgio Bertoluci

DIA 336

/ / **DATA**

O sedentarismo impede que você se torne um verdadeiro campeão.

5 pilares da saúde

- TREINO DE QUALIDADE ☐
- ALIMENTAÇÃO SAUDÁVEL ☐
- COMPORTAMENTOS ADEQUADOS ☐
- SONO REGENERATIVO ☐
- RESPIRAÇÃO IDEAL ☐

TREINO DO DIA

ANOTAÇÕES

_____
_____
_____
_____
_____
_____
_____

CONSUMO DIÁRIO DE ÁGUA — COPOS

DATA / /

DIA 337

Siga firme nas suas escolhas, principalmente quando decidir mudar.

TREINO DO DIA

5 pilares da saúde
- TREINO DE QUALIDADE
- ALIMENTAÇÃO SAUDÁVEL
- COMPORTAMENTOS ADEQUADOS
- SONO REGENERATIVO
- RESPIRAÇÃO IDEAL

ANOTAÇÕES
_____
_____
_____
_____
_____
_____
_____
_____
_____
_____

CONSUMO DIÁRIO DE ÁGUA COPOS

Sérgio Bertoluci

DIA 338

/ / **DATA**

Seu nível de energia determina a intensidade dos seus movimentos.

5 pilares da saúde
- TREINO DE QUALIDADE
- ALIMENTAÇÃO SAUDÁVEL
- COMPORTAMENTOS ADEQUADOS
- SONO REGENERATIVO
- RESPIRAÇÃO IDEAL

TREINO DO DIA

ANOTAÇÕES

CONSUMO DIÁRIO DE ÁGUA — COPOS

DATA / /

DIA 339

Nos próximos dias, as coisas podem voltar ao devido lugar na sua vida. Segue firme.

5 pilares da saúde
- TREINO DE QUALIDADE
- ALIMENTAÇÃO SAUDÁVEL
- COMPORTAMENTOS ADEQUADOS
- SONO REGENERATIVO
- RESPIRAÇÃO IDEAL

ANOTAÇÕES
_____
_____
_____
_____
_____
_____
_____
_____

CONSUMO DIÁRIO DE ÁGUA COPOS

Sérgio Bertoluci

DIA 340

/ / **DATA**

Um bom treinador não te passa um treino que você não consiga fazer. A decisão de desistir é sua.

5 pilares da saúde

- TREINO DE QUALIDADE ☐
- ALIMENTAÇÃO SAUDÁVEL ☐
- COMPORTAMENTOS ADEQUADOS ☐
- SONO REGENERATIVO ☐
- RESPIRAÇÃO IDEAL ☐

TREINO DO DIA

ANOTAÇÕES

_____
_____
_____
_____
_____
_____
_____

CONSUMO DIÁRIO DE ÁGUA — COPOS

DATA / /

DIA 341

É melhor enfrentar o desconforto da mudança do que se acomodar na mesmice

TREINO DO DIA

5 pilares da saúde
- TREINO DE QUALIDADE
- ALIMENTAÇÃO SAUDÁVEL
- COMPORTAMENTOS ADEQUADOS
- SONO REGENERATIVO
- RESPIRAÇÃO IDEAL

ANOTAÇÕES

_____
_____
_____
_____
_____
_____
_____
_____
_____

CONSUMO DIÁRIO DE ÁGUA COPOS

Sérgio Bertoluci

DIA 342

/ / **DATA**

Não existe quem não canse, você vai cansar. A diferença está em continuar mesmo quando estiver cansado.

5 pilares da saúde

- TREINO DE QUALIDADE
- ALIMENTAÇÃO SAUDÁVEL
- COMPORTAMENTOS ADEQUADOS
- SONO REGENERATIVO
- RESPIRAÇÃO IDEAL

TREINO DO DIA

ANOTAÇÕES

_____
_____
_____
_____
_____
_____
_____
_____

CONSUMO DIÁRIO DE ÁGUA — COPOS

DATA / /

DIA 343

Coloque uma música alta com o ritmo e a frequência que você deseja sentir nesse momento, e *vambora* se mexer!

5 pilares da saúde
- [ ] TREINO DE QUALIDADE
- [ ] ALIMENTAÇÃO SAUDÁVEL
- [ ] COMPORTAMENTOS ADEQUADOS
- [ ] SONO REGENERATIVO
- [ ] RESPIRAÇÃO IDEAL

ANOTAÇÕES

_____
_____
_____
_____
_____
_____
_____
_____
_____

CONSUMO DIÁRIO DE ÁGUA COPOS

Sérgio Bertoluci

DIA 344

/ / **DATA**

Você carrega o que consegue suportar. Prepare-se para carregar muito mais com menos esforço.

5 pilares da saúde
- TREINO DE QUALIDADE
- ALIMENTAÇÃO SAUDÁVEL
- COMPORTAMENTOS ADEQUADOS
- SONO REGENERATIVO
- RESPIRAÇÃO IDEAL

TREINO DO DIA

ANOTAÇÕES

CONSUMO DIÁRIO DE ÁGUA — COPOS

DATA / /

DIA 345

Para alcançar o corpo desejado, muitas vezes é preciso fazer o indesejado.

TREINO DO DIA

5 pilares da saúde
- [ ] TREINO DE QUALIDADE
- [ ] ALIMENTAÇÃO SAUDÁVEL
- [ ] COMPORTAMENTOS ADEQUADOS
- [ ] SONO REGENERATIVO
- [ ] RESPIRAÇÃO IDEAL

ANOTAÇÕES

_____
_____
_____
_____
_____
_____
_____
_____
_____
_____

CONSUMO DIÁRIO DE ÁGUA — COPOS

Sérgio Bertoluci

DIA 346

/ / **DATA**

Cumpra seus compromissos, mesmo quando ninguém estiver olhando.

5 pilares da saúde

- TREINO DE QUALIDADE ☐
- ALIMENTAÇÃO SAUDÁVEL ☐
- COMPORTAMENTOS ADEQUADOS ☐
- SONO REGENERATIVO ☐
- RESPIRAÇÃO IDEAL ☐

TREINO DO DIA

ANOTAÇÕES

_____
_____
_____
_____
_____
_____

CONSUMO DIÁRIO DE ÁGUA — COPOS

_____
_____
_____
_____
_____

DATA / /

DIA 347

O cansaço revela que você está próximo da linha de chegada.

TREINO DO DIA

5 pilares da saúde
- [ ] TREINO DE QUALIDADE
- [ ] ALIMENTAÇÃO SAUDÁVEL
- [ ] COMPORTAMENTOS ADEQUADOS
- [ ] SONO REGENERATIVO
- [ ] RESPIRAÇÃO IDEAL

ANOTAÇÕES

_____
_____
_____
_____
_____
_____
_____
_____
_____

CONSUMO DIÁRIO DE ÁGUA — COPOS

DIA 348

/ / DATA

Seu estado atual não define quem você é. Mexa-se e mostre para o mundo do que você é capaz.

5 pilares da saúde

- TREINO DE QUALIDADE ☐
- ALIMENTAÇÃO SAUDÁVEL ☐
- COMPORTAMENTOS ADEQUADOS ☐
- SONO REGENERATIVO ☐
- RESPIRAÇÃO IDEAL ☐

TREINO DO DIA

ANOTAÇÕES

_____
_____
_____
_____
_____
_____
_____

CONSUMO DIÁRIO DE ÁGUA / COPOS

_____
_____
_____
_____

Treino Todo Santo Sia

DATA / /

DIA 349

Quanto mais alinhado estiver seu corpo, mente e espírito, mais fáceis se tornam as coisas na sua vida.

TREINO DO DIA

5 pilares da saúde
- [ ] TREINO DE QUALIDADE
- [ ] ALIMENTAÇÃO SAUDÁVEL
- [ ] COMPORTAMENTOS ADEQUADOS
- [ ] SONO REGENERATIVO
- [ ] RESPIRAÇÃO IDEAL

ANOTAÇÕES

_____
_____
_____
_____
_____
_____
_____
_____
_____

CONSUMO DIÁRIO DE ÁGUA — COPOS

Sérgio Bertoluci

DIA 350

/ / **DATA**

O propósito da distração é roubar o seu tempo. Não desperdice nem um minuto com o que não vale a pena.

5 pilares da saúde

- [ ] TREINO DE QUALIDADE
- [ ] ALIMENTAÇÃO SAUDÁVEL
- [ ] COMPORTAMENTOS ADEQUADOS
- [ ] SONO REGENERATIVO
- [ ] RESPIRAÇÃO IDEAL

TREINO DO DIA

ANOTAÇÕES

_____
_____
_____
_____
_____
_____
_____

CONSUMO DIÁRIO DE ÁGUA — COPOS

Treino Todo Santo Sia

DATA / /

DIA 351

Suar faz bem. O suor só funciona quando escorre.

5 pilares da saúde
- TREINO DE QUALIDADE
- ALIMENTAÇÃO SAUDÁVEL
- COMPORTAMENTOS ADEQUADOS
- SONO REGENERATIVO
- RESPIRAÇÃO IDEAL

ANOTAÇÕES

_____
_____
_____
_____
_____
_____
_____
_____
_____
_____
_____

CONSUMO DIÁRIO DE ÁGUA COPOS

DIA 352

/ / **DATA**

Você foi planejado para dar certo, e já está acontecendo. Segue firme.

5 pilares da saúde

- TREINO DE QUALIDADE
- ALIMENTAÇÃO SAUDÁVEL
- COMPORTAMENTOS ADEQUADOS
- SONO REGENERATIVO
- RESPIRAÇÃO IDEAL

TREINO DO DIA

ANOTAÇÕES

_____
_____
_____
_____
_____
_____
_____
_____

CONSUMO DIÁRIO DE ÁGUA — COPOS

DATA / /

DIA 353

Não permita que a preguiça te impeça de progredir. Movimento é o antídoto contra a preguiça.

5 pilares da saúde
- [ ] TREINO DE QUALIDADE
- [ ] ALIMENTAÇÃO SAUDÁVEL
- [ ] COMPORTAMENTOS ADEQUADOS
- [ ] SONO REGENERATIVO
- [ ] RESPIRAÇÃO IDEAL

ANOTAÇÕES

_____
_____
_____
_____
_____
_____
_____
_____
_____
_____
_____

CONSUMO DIÁRIO DE ÁGUA — COPOS

DIA 354

/ / **DATA**

Um corpo frágil não resiste ao tempo. Saúde frágil também não. *Vambora* se tornar mais forte *Todo Santo Dia.*

5 pilares da saúde

- [ ] TREINO DE QUALIDADE
- [ ] ALIMENTAÇÃO SAUDÁVEL
- [ ] COMPORTAMENTOS ADEQUADOS
- [ ] SONO REGENERATIVO
- [ ] RESPIRAÇÃO IDEAL

TREINO DO DIA

ANOTAÇÕES

_____
_____
_____
_____
_____
_____
_____

CONSUMO DIÁRIO DE ÁGUA — COPOS

DATA / /

DIA 355

Hoje é dia de dar mais um passo em direção ao seu objetivo. É dia de cumprir o combinado.

TREINO DO DIA

5 pilares da saúde
- TREINO DE QUALIDADE
- ALIMENTAÇÃO SAUDÁVEL
- COMPORTAMENTOS ADEQUADOS
- SONO REGENERATIVO
- RESPIRAÇÃO IDEAL

ANOTAÇÕES
_____
_____
_____
_____
_____
_____
_____
_____
_____
_____

CONSUMO DIÁRIO DE ÁGUA COPOS

DIA 356

/ / **DATA**

Frustração faz parte da jornada. Não permita que ela faça você perder a direção.

5 pilares da saúde

- TREINO DE QUALIDADE ☐
- ALIMENTAÇÃO SAUDÁVEL ☐
- COMPORTAMENTOS ADEQUADOS ☐
- SONO REGENERATIVO ☐
- RESPIRAÇÃO IDEAL ☐

TREINO DO DIA

ANOTAÇÕES

_____
_____
_____
_____
_____
_____
_____

CONSUMO DIÁRIO DE ÁGUA COPOS

DATA / /

DIA 357

Seus talentos podem impactar diretamente a vida de muitas pessoas. Esteja saudável para utilizá-los.

5 pilares da saúde

- TREINO DE QUALIDADE
- ALIMENTAÇÃO SAUDÁVEL
- COMPORTAMENTOS ADEQUADOS
- SONO REGENERATIVO
- RESPIRAÇÃO IDEAL

TREINO DO DIA

ANOTAÇÕES

_____
_____
_____
_____
_____
_____
_____
_____
_____
_____

CONSUMO DIÁRIO DE ÁGUA COPOS

Sérgio Bertoluci

DIA 358

/ / DATA

Uma vida ativa, cheia de energia e disposição, atrai a prosperidade.

5 pilares da saúde

- TREINO DE QUALIDADE ☐
- ALIMENTAÇÃO SAUDÁVEL ☐
- COMPORTAMENTOS ADEQUADOS ☐
- SONO REGENERATIVO ☐
- RESPIRAÇÃO IDEAL ☐

TREINO DO DIA

ANOTAÇÕES

_____
_____
_____
_____
_____
_____

CONSUMO DIÁRIO DE ÁGUA COPOS

_____
_____
_____
_____

DATA / /

DIA 359

Quem tem o corpo alinhado com a mente e o espírito, jamais conseguirá andar como antes.

5 pilares da saúde
- TREINO DE QUALIDADE
- ALIMENTAÇÃO SAUDÁVEL
- COMPORTAMENTOS ADEQUADOS
- SONO REGENERATIVO
- RESPIRAÇÃO IDEAL

ANOTAÇÕES

_____
_____
_____
_____
_____
_____
_____
_____
_____
_____

CONSUMO DIÁRIO DE ÁGUA COPOS

Sérgio Bertoluci

DIA 360

/ / DATA

Pare de se distrair com besteiras. Há tempo para tudo, exceto para perder tempo.

5 pilares da saúde

- TREINO DE QUALIDADE ☐
- ALIMENTAÇÃO SAUDÁVEL ☐
- COMPORTAMENTOS ADEQUADOS ☐
- SONO REGENERATIVO ☐
- RESPIRAÇÃO IDEAL ☐

TREINO DO DIA

ANOTAÇÕES

_____
_____
_____
_____
_____
_____
_____

CONSUMO DIÁRIO DE ÁGUA — COPOS

376 Treino Todo Santo Sia

DATA / /

DIA 361

Pelo seu exemplo, muitos na sua família adotarão um estilo de vida mais saudável.

TREINO DO DIA

5 pilares da saúde
- TREINO DE QUALIDADE
- ALIMENTAÇÃO SAUDÁVEL
- COMPORTAMENTOS ADEQUADOS
- SONO REGENERATIVO
- RESPIRAÇÃO IDEAL

ANOTAÇÕES

CONSUMO DIÁRIO DE ÁGUA COPOS

Sérgio Bertoluci

DIA 362

/ / DATA

Não tolere o corpo que você não quer. Busque o corpo desejado equilibrando os 5 pilares da saúde.

5 pilares da saúde

- TREINO DE QUALIDADE ☐
- ALIMENTAÇÃO SAUDÁVEL ☐
- COMPORTAMENTOS ADEQUADOS ☐
- SONO REGENERATIVO ☐
- RESPIRAÇÃO IDEAL ☐

TREINO DO DIA

ANOTAÇÕES

_____
_____
_____
_____
_____
_____

CONSUMO DIÁRIO DE ÁGUA / COPOS

DATA / /

DIA 363

Não seja vencido pelo cansaço. O cansaço faz parte da vida daquele que está construindo algo relevante.

TREINO DO DIA

5 pilares da saúde
- [ ] TREINO DE QUALIDADE
- [ ] ALIMENTAÇÃO SAUDÁVEL
- [ ] COMPORTAMENTOS ADEQUADOS
- [ ] SONO REGENERATIVO
- [ ] RESPIRAÇÃO IDEAL

ANOTAÇÕES

_____
_____
_____
_____
_____
_____
_____
_____
_____

CONSUMO DIÁRIO DE ÁGUA COPOS

Sérgio Bertoluci

DIA 364

/ / **DATA**

A rejeição te faz muito mais forte. Encare momentos difíceis como estímulo para o progresso.

5 pilares da saúde

- TREINO DE QUALIDADE ☐
- ALIMENTAÇÃO SAUDÁVEL ☐
- COMPORTAMENTOS ADEQUADOS ☐
- SONO REGENERATIVO ☐
- RESPIRAÇÃO IDEAL ☐

TREINO DO DIA

ANOTAÇÕES

_____
_____
_____
_____
_____
_____

CONSUMO DIÁRIO DE ÁGUA COPOS

DATA / /

DIA 365

Quem quer tudo para ontem acaba tomando decisões precipitadas.

TREINO DO DIA

5 pilares da saúde
- TREINO DE QUALIDADE
- ALIMENTAÇÃO SAUDÁVEL
- COMPORTAMENTOS ADEQUADOS
- SONO REGENERATIVO
- RESPIRAÇÃO IDEAL

ANOTAÇÕES

_____
_____
_____
_____
_____
_____
_____
_____
_____
_____

CONSUMO DIÁRIO DE ÁGUA COPOS

Sérgio Bertoluci

CONCLUSÃO

Chegamos ao fim desta jornada de 365 dias, um ano inteiro dedicado à transformação do seu estilo de vida. Ao longo deste tempo, você foi convidado a equilibrar os 5 Pilares da Saúde, *Todo Santo Dia*, com treinamento de qualidade, alimentação saudável, comportamentos adequados, sono regenerativo e respiração ideal.

A cada dia, um novo treino de alta intensidade, desenvolvido para que você pudesse alcançar queima de gordura adequada, fortalecimento muscular e melhora do condicionamento físico, tudo sem a necessidade de nenhum equipamento, só você.

Este devocional foi mais do que apenas um guia de exercícios. Ele foi um convite ao seu modo 110% e ao crescimento pessoal, com frases motivacionais diárias para manter acesa a chama da sua determinação e despertar o seu real entusiasmo pela vida. Sabemos que a jornada para um estilo de vida mais saudável não é fácil, mas esperamos que, com cada palavra de encorajamento, você tenha encontrado a força necessária para seguir em frente, mesmo nos dias mais desafiadores.

Adotar um novo estilo de vida é um processo contínuo que vai muito além destes

365 dias. É um compromisso diário consigo mesmo, *Todo Santo Dia*, com seu corpo, sua mente e seu espírito alinhados.

O verdadeiro sucesso não está apenas nas conquistas físicas visíveis, mas no *invisível*, na transformação interna que ocorre quando você decide se priorizar, cuidar de si e buscar o melhor para sua saúde e bem-estar.

Acredite, cada passo dado nesta jornada é um passo rumo a uma versão mais forte, mais saudável e mais feliz de você mesmo. Continue aplicando os princípios que aprendeu aqui: mantenha a constância não só nos treinos, mas também nas suas decisões, ações e reações formadas pelos seus comportamentos. Escolha alimentos que te façam bem, hidrate-se na medida certa, descanse o suficiente e mantenha a mente focada e motivada.

Lembre-se, a transformação é contínua. Mesmo que o livro tenha chegado ao fim, sua jornada está apenas começando. Que este devocional tenha sido um catalisador para a mudança que você desejava ver em sua vida. Que você continue a viver cada dia com propósito, saúde e bem-estar.

Obrigado por compartilhar esta jornada comigo. Continue forte, continue motivado, e acima de tudo, continue cuidando de si.

Com gratidão,

Sérgio Bertoluci